Das Traumlied des Olav Åsteson

Eine altnorwegische Jenseitsvision

Das Traumlied des Olav Åsteson

Eine altnorwegische Jenseitsvision

Urachhaus

Aus dem Norwegischen von Dan Lindholm (Traumlied), Jutta. H. Bjørklid (Beitrag von Sigurd Telnes), Antje Cramer (Beiträge von Terje Christensen und Jens Braarvig) sowie Hartwig Homeyer (Beitrag von Magne Skrede)

ISBN-10: 3-8251-7434-4
ISBN-13: 978-3-8251-7434-7

Erschienen 2006 im Verlag Urachhaus

© 2006 Verlag Freies Geistesleben & Urachhaus GmbH, Stuttgart

Umschlaggestaltung: Walter Schneider
Umschlagbild: Gerhard Munthe, Dødninger, 1904,
© Bergen Kunstmuseum, Foto: Bergen Kunstmuseum

Bilder von Torvald Moseid: Fotos: Herdis Maria Siegert,
Courtesy of Telenor Art Collection

Druck: Druckerei zu Altenburg, Altenburg

Inhalt

Vorwort

Draumkvedet, das »Traumlied« aus dem 13. Jahrhundert, in dem ein Olav Åsteson von seinem Traum während der zwölf Heiligen Nächte erzählt, hat in Norwegen inzwischen den Status eines Nationalsymbols. Als uraltes Kleinod, alter Familienschmuck, Norwegens edelste Perle wird die rätselhafte Visionsdichtung von norwegischen Philologen zärtlich bezeichnet.

Seit das Traumlied Mitte des 19. Jahrhunderts von Volksliedsammlern entdeckt und aufgeschrieben wurde, hat es die Gelehrten beschäftigt und viele Künstler inspiriert, so den Sänger, Komponisten und Dirigenten Thorvald Lammers (1841–1922), der es ab 1890 durch seine Konzerte bekannt machte, sowie David Monrad Johansen (1888–1974), Sparre Olsen (1903–1984) und Erik Eggen (1877–1957), die bedeutende Traumlied-Kompositionen schufen, oder den Dichter Olav Aukrust (1883–1929). Ebenso haben bildende Künstler aus dieser Quelle geschöpft – Gerhard Munthe (1849–1929), Anne Lise Knoff (1937–2005), Karl Erik Harr (*1940) und andere – und innerhalb der Textilkunst zählt Torvald Moseids (1917–2000) 55 Meter langer gestickter Fries zum Traumlied zu den schönsten Kunstwerken. – Doch nicht nur unter Künstlern lebt das Traumlied in Norwegen. Aus Lehrbüchern jedem Schüler bekannt, ist es zum Allgemeingut geworden und in der Telemark, jener Landschaft, aus der es stammt, hat es sich einen besonderen Platz in den Köpfen und Herzen bewahrt.

Im deutschsprachigen Raum ist dieses norwegische Kleinod vor allem in anthroposophischen Kreisen bekannt. Rudolf Steiner hatte die Dichtung 1911 ins Deutsche übertragen und durch seine Vorträge in den folgenden Jahren, begleitet durch die Rezitationen von Marie Steiner-von Sivers, einem größeren Publikum zugänglich gemacht. Mit der vorliegenden Ausgabe möchten wir das Traumlied dem deutschen Publikum wieder nahe bringen. Gegenüber der ersten, von Dan Lindholm herausgegebenen Ausgabe unseres Verlages (1967, wiederaufgelegt

1983) sind aktuelle Beiträge norwegischer Philologen und Traumlied-Kenner hinzugekommen. Sie beleuchten die Entstehung und die mythologische Tradition näher und ein sehr persönlich gehaltener Beitrag eines Telemark-Kenners spürt dem Traumlied in jener Landschaft nach, in der es zu Hause ist.

Die verdienstvolle Übertragung des Traumlieds ins Deutsche von Dan Lindholm erscheint unverändert wieder, seine Einleitung in leicht überarbeiteter, aktualisierter Form.

Eine große Bereicherung der aktuellen Ausgabe stellt die dem Buch beiliegende CD dar, mit der Einspielung des Traumlieds auf Norwegisch und Deutsch, gesungen von Magne Skrede. Die Bilder von Gerhard Munthe, der 1904 eine Traumlied-Ausgabe illustrierte und gestaltete, die Reproduktionen des gestickten Frieses von Torvald Moseid und die Steinschnitte von Walther Roggenkamp sollen in die künstlerische Beschäftigung mit dem Traumlied einführen.

Stuttgart, Michaeli 2006　　　　　　　　　　　　　　　　　*Der Verlag*

»... begangen hab' ich die Gjallarbrück mit Grabeserd im Mund.«

Dan Lindholm

Einleitung

Das Traumlied in der vorliegenden Fassung

Aus der umfangreichen Sammlung norwegischer Volkslieder – *Norske Folkeviser* –, die M. B. Landstad 1853 veröffentlichte, erhebt sich das Traumlied von Olav Åsteson als ein alles überragender Berg. Landstad selber war sich der Einzigartigkeit dieses Liedes – *Draumkvedet* – wohl bewusst; einer Einzigartigkeit, die auch alle späteren Forscher oder Sammler dem Lied eingeräumt haben. Sämtliche Aufzeichnungen stammen aus der Telemark, einer Landschaft im Herzen Südnorwegens, bekannt sowohl wegen ihrer großartigen, abwechslungsreichen Natur wie ihrer künstlerisch begabten Bevölkerung. Dort war Landstad Pfarrer. Er war aber auch Dichter, und einige seiner religiösen Lieder gehören in ihrer Art noch heute zu den beliebtesten des Landes. Vor allem war er ein begeisterter, feinsinniger Sammler von alten Sagen und Liedern, die der Volksmund durch Jahrhunderte bewahrt hatte.

Bevor im 19. Jahrhundert das Traumlied aufgezeichnet wurde, stand es in Gefahr, völlig der Vergangenheit anheimzufallen. Nur Teile des ursprünglich sehr umfangreichen Liedes waren den meist hochbetagten Sängern oder Sängerinnen noch in Erinnerung geblieben. Ihre Eltern oder Großeltern, so versicherten sie, hätten alle viel mehr Strophen gewusst, vielleicht ein paar hundert! Ein Glück war es, dass Landstad eine Frau – Maren Ramskeid – fand, die immerhin etwa dreißig Strophen kannte, welche auch die Hauptzüge eines Zusammenhanges zeigten. Gerettet wurden, wenn man von unwichtigen Varianten oder fragwürdigen Versen absieht, etwa fünfzig Strophen.

Eines ist gewiss: Das ursprüngliche Lied war viel umfassender. Was verloren ging, lässt sich heute schwer ermessen.

Fast wie ein Wunder könnte es scheinen, dass es Landstad glückte, in den geretteten Scherben eine in sich gegliederte Einheit zu erkennen. Der Zusammenhang seiner Aufstellung ist klar; nicht sofort würde jemand auf den Gedanken kommen, sie enthalte viele Lücken. Bis auf wenige Strophen, die entweder bei ihm fehlen oder wo seine Variante uns weniger gut schien, legten wir Landstads Fassung unserer Übersetzung zugrunde. Einige Strophen, deren Echtheit auch Landstad bezweifelte, ließen wir weg. An einer Stelle haben wir eine Änderung der Reihenfolge vorgenommen.[1]

Charakter und Inhalt des Traumlieds

Unter den norwegischen Volksliedern finden sich viele, die von Naturmystik durchwoben sind. Es handelt sich in ihnen immer wieder um geistig-geheimnisvolle Wesen und Geschehnisse. Der eigentliche Kern bleibt dabei zumeist hinter dem mythisch-sagenhaften Schleier verborgen; wie traumhaft tauchen die Bilder aus unbewussten Tiefen auf. Dies ist beim Traumlied gerade nicht der Fall. Hier bildet der Traum gewissermaßen nur den Eingang zu Erlebnissen, die sich freilich bildhaft offenbaren, aber voll-real gemeint sind – eben als Erlebnisse einer Seele in »anderer Welt«. Die Bilder steigen nicht aus den naturverwobenen Tiefen eines Unterbewusstseins auf, viel eher werden sie durch ein Überbewusstsein aus seelisch-geistigen Bereichen in den Traum hereingeholt.

Olav Åstesons Erlebnisse entfalten sich über fünf Stufen. Dazu kommen eine Einleitung und ein Epilog; somit haben wir im Ganzen sieben Abschnitte.

Gleich in der ersten Strophe wird der Name des Träumenden erwähnt: Olav Åsteson[2]; er wird als »nytan drengjen« bezeichnet. Dafür fand sich nicht leicht eine gute Übersetzung. »Drengjen« kann Knecht, Knappe, Bursche usw. heißen; »nytan« heißt hurtig, flink, tüchtig. Gemeint ist einer, der schnell vorwärts kommt. Viel geklügelt wurde über den Namen Olav Åsteson, denn er könnte auf ein Geheimnis deuten. Eine der Fragen wäre, ob er sich auf Olav den Heiligen beziehen lässt, jenen König, der im Kampf für die Christianisierung Norwegens 1030 den Tod erlitt. Seine Mutter hieß Åsta; ihr Sohn könnte ein Åsteson

»Da zittert eine jede Seel wie Espenlaub im Winde ...«

sein. Üblich war es zwar nicht, dass ein Mann nach seiner Mutter benannt wurde. Es gibt aber Beispiele, sonderlich wo es sich um eine bedeutsame Muttererbschaft handelt, und das könnte hier durchaus der Fall sein. Auch wird in der *Heimskringla*, dem nordischen Königsbuch, berichtet, dass Olav der Heilige Geistesoffenbarungen im Traum erhielt. Wichtig in diesem Zusammenhang wären vielleicht auch die Aussagen, die einen großen Umschwung in der Lebensführung des Königs bezeugen. Man denke an die Beschreibung seines Verhaltens, nachdem er aus dem Lande vertrieben wurde und in »Gardarike« (Russland) mit »Bulgaren« in Verbindung trat, die ihm sogar anboten, ihr König zu werden. Als »Bulgaren« wurden im Mittelalter die Träger einer Ketzerbewegung auf dem Balkan bezeichnet; nach Rudolf Steiner gehörten sie einer esoterischen Strömung an. Jedoch möchten wir nicht an einer unmittelbaren Identität von Olav Åsteson mit Olav dem Heiligen festhalten. Der Sachverhalt dürfte viel intimer sein. Freilich, wenn man das Traumlied nur als eine »Dichtung« ansieht, kann man sich vorstellen, dass der Dichter seinen Schilderungen ein größeres Gewicht durch einen Namen hätte geben wollen, der eine Beziehung zu dem Heiligen-König einschließt. Eine bloße Dichtung ist aber das Traumlied nach unserer Auffassung nicht.

In der Einleitung wird erzählt, dass Olav Åsteson am Weihnachtsabend in einen tiefen Schlaf versinkt und erst am 13. Tag, Christi Erscheinungstag, aufwacht, – als »die Sonne über die Halde stieg«. Diese Mitteilung ist für ein Verständnis seiner Erlebnisse »in anderer Welt« nicht unwichtig. Nur schwer wird sich ein heutiger Mensch vorstellen, wie intim das seelische Erleben ehemals noch mit dem Wechsel der Jahreszeiten zusammenging. Da herrschte keine Willkür; bestimmte Möglichkeiten des seelischen Erlebens waren immer an gewisse Jahreszeiten gebunden: anders im hellen Licht des Hochsommers als in den winterlichen Nächten. Die Mittwinterzeit, wenn das Wahrnehmen der äußeren Natur sich im Dämmlicht des eingeengten Tages verliert, war in den nördlichen Gebieten vor allem geeignet, innere Seelenbilder anzufachen. Deshalb berichten auch ungezählte Sagen und Märchen, wie gerade um die Weihnachtszeit die Geisterwelt sich auftat.

Als die Sonne wieder Macht gewinnt, wacht Olav Åsteson auf. Und beim Aufwachen umgürtet er sich. Von seinem Gürtel geht ein solcher Glanz aus, dass sich die Welt weit und breit erhellt. Was besagt dieser Gürtel? – In der Apokalypse des Johannes (Kap. 1,13) ist der Gürtel eines der neuen Attribute, die den Menschensohn auszeichnen, er ist ein Bild für den Zusammenhalt seines Wesens; er drückt die Kraft der Selbstbeherrschung aus. Jedes dieser Attribute darf als Zeichen einer erreichten Stufe der Vollkommenheit verstanden werden. Auch im Traumlied dürfte der Gürtel – bei allem Abstand von der Apokalypse – als ein solcher Hinweis auf die innere Reife Olav Åstesons gelten.

Nach dem Erwachen reitet er zur Kirche, um dem dort versammelten Volk von seinen Träumen zu künden. Er tritt aber nicht ein, er setzt oder stellt sich »an die Tür«, eigentlich *in* die Türöffnung. Bis jetzt fand dieses Bild bei den Gelehrten recht wenig Beachtung. Man hat sich vorwiegend darum bemüht, zu zeigen, wie weit der Inhalt seiner Träume der kirchlichen Dogmatik des Mittelalters entgegenkomme oder ihr wenigstens nicht widerspreche. Sogar die Anordnung der Strophen hat man nach diesem Prinzip vorgenommen. In Wirklichkeit besteht jedoch ein Gegensatz zwischen dem Priester, der am Altar seine Lesung vollzieht, und Olav Åsteson, der an der Tür – vielleicht richtiger: wie von außerhalb durch die Tür – seine Träume erzählt. Was Olav Åsteson zu sagen hat, darf nicht so ganz in die Kirche hinein.

Olav Åsteson erzählt seine Träume nicht aus seinem Alltags-Ich heraus, sondern aus einem Höheren, das ihm durch Christus gegeben war, denn er ist Christus im Geiste begegnet. Diese Begegnung war aber nicht durch die Kirche vermittelt und deshalb auch nicht im Sinne einer dogmatischen Lehre.

Die ersten Traumerlebnisse, die Olav Åsteson erzählt, hat er im Bereich der »Elementarwelt« gehabt. Damit ist jene Welt gemeint, die geistig der Natur zugrunde liegt. Feuer, Luft, Wasser, Erde sind ihre Uroffenbarungen. – So fühlt sich Olav Åsteson in Wolkenhöhen und Meerestiefen, zwischen Luft und Wasser hin und her geworfen. Es brennt in seinem Innern, er dünkt sich in der Erde verscharrt. Die Elemente wollen ihn an sich reißen. Alle Kraft und allen Halt braucht er, um sich nicht im uferlosen, gewaltigen Spiel der Weltengegensätze zu verlieren. Die Stützen der Sinneswelt sind ihm genommen: Nicht wiehert ihm sein Pferd, nicht bellen seine Hunde, nicht hört er den Ruf der Vögel. Im Schlaf versunken liegt der Leib, und die Sinne der Seele sind ihm noch nicht voll erschlossen.

Erlebnisse dieser Art sind des öfteren beschrieben worden. Wo immer ein Mensch den verborgenen Weg zu den Mysterien fand, um in höhere Welten geführt zu werden, musste die Seele durch solche Prüfungen gehen: durch die Luft-, Wasser-, Feuer- und Erdprobe.

Den Übergang aus der Sphäre der Elemente in eine mehr seelisch empfundene Region bilden die Erfahrungen auf der »Dornenheide«. Hier wird alles nach und nach deutlicher und bestimmter als am Anfang, wo die Umrisse noch verfließen und der Fuß keinen Grund findet. Die Schmerzen aber steigern sich: Die Nägel werden ihm von den Füßen gerissen – in einigen Varianten sind auch die Fingernägel genannt –, sein blutroter Scharlachmantel wird vom Gestrüpp der Dornen zerfetzt.

Solche Erlebnisse entsprechen den Bildern der nordischen Mythologie. In der *Edda* wird gesagt, dass dem Sterbenden die Nägel sorgfältig geschnitten werden sollten, sonst würden sie, wenn der Tote sie in die andere Welt hinüberträge, Baustoff für jenes furchtbare Schiff »Nagelfare« liefern, das bei der Götterdämmerung und auch beim Jüngsten Gericht ausfährt. So verstanden sind die Nägel und der scharlachrote Mantel imaginative Bilder für die Erdennatur des Menschen. Diese kann er nicht in höhere Welten mitnehmen; unter starken Schmerzen muss er sie aus der Seele tilgen – in der Bildersprache des Traumlieds: auf der Dornenheide zurücklassen.

Über dieser Region wie auch über der Welt der Elemente steht im Traumlied der Mond als kosmisches Wahrzeichen; denn jede Strophe dieser beiden ersten Teile ist von demselben Kehrreim begleitet: »Der Mond scheint helle, und weithin dehnen sich Wege ...« Stark muss Olav Åsteson erleben, wie mühsam er auf diesen Wegen vorwärts kommt. Jeder Schritt gleicht einem Versinken in bodenlose Sümpfe.

Allmählich gelangt er an die große Brücke über den Fluss Gjoll. Fluss wie Brücke sind ihren Namen nach aus der *Edda* bekannt. Dort führt die Gjallarbrücke hinüber zu dem Aufenthaltsort der hingeschiedenen Seelen. Auch aus den Mythen anderer Völker sind uns ähnliche Bilder vertraut, die immer Übergänge innerhalb seelisch-geistiger

»Nun trat ich an die Sternenstraß' zu meiner rechten Hand ...«

»… die sel'ge Taufmutter allein mit Gold sich zu mir wandte.«

Welten bezeichnen. Hier im Traumlied steigern sich Olav Åstesons Erlebnisse zu jenem Seelenbild, das uns auf der Gjallarbrücke besonders eindringlich entgegentritt, seiner Begegnung mit den drei Tieren: Hund, Schlange und Stier.

Was zeigt sich ihm in diesen Tieren? – Schon im gewöhnlichen Traum hat wohl mancher Mensch erlebt, dass ebenjenes »Tierische«, das er tagsüber losließ, des Nachts auf ihn einstürmt. – So auch im imaginativen Erleben des Übersinnlichen. Alles, was in uns noch nicht voll Mensch geworden ist, unsere verborgene Kentauren- oder Sphinxnatur, stürmt in dem Augenblick auf unsere Seele ein, wo wir uns in die Welt jenseits des Alltagsbewusstseins begeben. Interessanterweise finden sich am Eingang zu den alten nordischen Stabkirchen sehr oft verwandte Gestalten. Auf hohen Türpfosten sitzen löwen- oder sphinxähnliche Figuren, die dem Eintretenden großäugig prüfend den Kopf zuwenden.

Es heißt im Traumlied, dass keiner auf der Gjallarbrücke an diesem Dreigetier vorbeikommt, der falsche oder ungerechte Urteile fällt. Keineswegs sollte darunter nur allgemein Ungerechtigkeit verstanden werden. Hier wird vielmehr eine richtige Erkenntnis des Wesens jener Tiere gefordert. Auf der Gjallarbrücke kommt Olav Åsteson an den Punkt, wo wahre oder falsche Urteile moralischen beziehungsweise unmoralischen Taten gleichkommen. Im wahrhaft gerechten Urteil offenbart sich eine menschliche Reife, und indem sich die Seele entwickelt, muss sie immer mehr Trägerin der objektiven Moralität werden, welche die geistige Welt durchkraftet.

Mit dem Überschreiten der Gjallarbrücke wandelt sich Olav Åstesons Traum; seine Seele betritt einen Weg, der durch den Vers charakterisiert ist: »Nun trat ich an die Sternenstraß' zu meiner rechten Hand ...«[3] Dass er den Weg zu seiner rechten Hand nimmt, dürfte nach altem Wortgebrauch besagen, dass er sich auf den legitimen, den »rechten« Weg begibt, weiter aber auch, dass er geistig die Richtung von Westen nach Osten einschlägt. Er geht der Sonne entgegen. Vielleicht folgten hier einige verloren gegangene Strophen, die von einem Erschauen der Sonne berichteten. Denn als eine alte Sängerin, die sich darüber beklagte, dass ihr so viel aus dem Gedächtnis entschwunden sei, gefragt wurde, ob sie sich nicht ein wenig an die Inhalte der vergessenen Verse erinnern könne, antwortete sie: Er hat die Sonne geschaut, eine Sonne im Dunkeln.

Ungesucht tauchen hier die monumentalen Verse Rudolf Steiners auf, die er im Advent 1906 schrieb:

> Die Sonne schaue
> Um mitternächtige Stunde.
> Mit Steinen baue
> Im leblosen Grunde.
>
> So finde im Niedergang
> Und in des Todes Nacht
> Der Schöpfung neuen Anfang,
> Des Morgens junge Macht ...[4]

Glaubwürdig scheint uns, dass Olav Åsteson vor einer ähnlichen Schau gestanden hat, als er in der Mitternachtstunde des Jahres, in der Weihenacht, eine Sonne sah, deren Licht sich im Erdendunkel verhüllte.

Kaum kann bezweifelt werden, dass von diesem mittleren Teil des Liedes am meisten verloren gegangen ist. Hier blieb uns nur ein Torso des Ursprünglichen erhalten. Der durchlaufende Faden ist aber nicht ganz gerissen. Gesagt wird, dass Olav Åsteson auf seinem Sternenwege an das Paradies kommt. Doch keine Seele dünkt ihm bekannt bis auf eine, die Frau, die ihn einst zur Taufe trug. Zu dieser Seele bringt er eine Schicksalsbeziehung mit, denn sie hat ihn zuerst mit Christus verbunden. Wir gelangen hier hart an die Grenze eines Mysteriums, jenes »von Mensch zu Mensch«.

Die norwegische Bezeichnung für Patin, »gudmor«, entspricht dem englischen »godmother«: Mutter Gottes. Wie die persönliche Patin für das Menschenkind einsteht, so steht sie gewissermaßen als die Patin der Menschheit da. Im Ausdruck des Grundtextes liegt somit ein Zweifaches. Er kann die hohe »Mutter Gottes« bedeuten – aber zugleich die Taufmutter, die Patin. Sie ist hier die Vermittlerin, ihr Sprechen vernimmt Olav. Sie tritt ihm »mit rotem Golde an (oder in) den Händen« entgegen und gibt ihm die Weisung, nach Broksvalin, dem »Wolken-Vorhof«, zu fahren, wo er dem Seelengericht beiwohnen soll.

Somit hat Olav Åsteson hier eine bedeutsame Erfahrung der geisti-

»Hoch und hehr Sankt Michael führte die Lure zum Munde ...«

gen Welt gemacht: Nur durch eine Seele, mit der er auch im Erdensein verbunden war, offenbart sich ihm, was er aufnehmen kann. Andere Seelen bleiben ihm vorerst fremd.

Für Olav Åsteson ist nun der Wendepunkt eingetreten. In die paradiesische Welt darf er nicht weiter vordringen, er muss zurück, erst durch die Seelen-, dann durch die Elementarwelt. Diese Welten schaut er aber jetzt von einem neuen Gesichtspunkt, völlig entgegengesetzt zu jenem auf dem Hinweg. Da war er ja vollauf beschäftigt mit seinen eigenen Erlebnissen, mit allem, was er für sich zu verschmerzen hatte. Sein Innenleben war es, das sich in großen Bilderlebnissen nach außen projizierte. Jetzt schaut er, was sich aus anderen Seelen projiziert. Was Menschenseelen erfahren müssen als Folgen ihrer Verfehlungen im Erdenleben, das zieht an ihm vorbei. Den Geizhals sieht er in einen Mantel aus Blei gezwängt; wer Marksteine in die Nachbarwälder versetzte, trägt glühende Erde in Händen; Hexen, die mithilfe des Blutes bösen Zauber verrichteten, haften an ihren Taten: Sie buttern das Blut, das sie missbrauchten. Wahre Höllenerlebnisse sind es, die bei Olav Åsteson starkes Mitgefühl erregen. Gar drastisch wird zum Schluss beschrieben, wie ein Pfaff in einem Teerkessel gesotten wird. Doch offenbar haben die guten Sängerinnen sich nicht immer zugemutet, ihrem lieben Seelsorger diese Strophe vorzusingen, denn oft wurde sie entweder weggelassen, oder es hieß einzig und allein, dass ein Bösewicht in den Teerkessel kam!

Dann kommt das letzte Bild, zu dem sich seine Erlebnisse in der jenseitigen Welt steigern. Er befindet sich wiederum in der Elementarwelt, dem »Wolken-Vorhof«, sozusagen in unmittelbarer Erdennähe. Schon naht sich der Augenblick des Erwachens. Da stürmt von Norden aus der frostig-finsteren Weltenecke eine Höllenjagd heran: Grutte Graubart, der Höllenfürst, an der Spitze einer lärmenden Schar. Aber auch von Süden kommt ein Zug, hoch und hehr. Voran auf weißem Pferd reitet St. Michael – an Jesu Christi Seite. Seine Lure hält er im Arm. Bald führt er sie zum Munde und bläst hinein, dass die ganze Welt aufhorcht. Denn schon ist der Tag gekommen, an dem alle sündigen Seelen gewogen werden.

In der nun folgenden Szene ist immer St. Michael der Tätige. Sein

Bild tritt deutlich hervor, während das Antlitz Christi mehr als milder Schein das Ganze erhellt. Christi Gestalt bleibt etwas im Hintergrund. Was Christus bewirkt, erleben wir am Widerschein all der Augen, die sich ihm zuwenden. Sein Da-Sein macht möglich, dass Michael ihm auf seiner Seelenwaage die sündigen Menschenseelen zuwägen kann.

Nachdem Olav Åsteson aufgewacht ist und seine Träume erzählt hat, erfolgt in einem Epilog nun die Seligpreisung derer, die im »Geborensein« Gutes tun. Wertvoll erweisen sich vor allem jene Taten, die aus Barmherzigkeit geschehen. Andere erwähnt Olav Åsteson nicht. Bei diesen Strophen ist der Kehrreim besonders eindrucksvoll: »Die Zunge redet, doch Wahrheit spricht beim Weltgericht!« Damit beschließt Olav Åsteson seinen Bericht.

Der Tag, an dem Olav Åsteson erwacht, galt früher als der vornehmste der Weihnachtszeit. In der Gegend, wo das Traumlied aufgefunden wurde, hatte man noch die Vorstellung, dass es der alte Weihnachtsabend sei, was auf eine urchristliche Tradition zurückgeht.[5] Dann aber war er auch der Vorabend des uralt-heidnischen »Eldbjörgtages«, der, wie Landstad berichtet, von der telemarkischen Bevölkerung mit großen Feuern zur Begrüßung der wieder aufsteigenden Sonne gefeiert wurde. Das Beste von Speise und Trank kam auf den Tisch, und nach beendetem Mahl wurden die Überreste ins Feuer geworfen. Im christlichen Kalender ist dieser Tag das Dreikönigsfest. Gleichzeitig ist er auch der Gedenktag für die Erscheinung Christi bei der Jordantaufe, die Epiphanie.

Zu diesem Fest kehrt Olav Åsteson in sein Tagesbewusstsein zurück, um seinen Mitmenschen zu künden, was er im »Nachtbewusstsein« erlebt hatte. Die ganze Art, wie sein Aufwachen breit geschildert wird: wie die Sonne über Bergeshalden aufgeht, die Vögel ihre Flügel spreiten, wie er sein Pferd sattelt und zur Kirche reitet – dies alles darf für das Verständnis des Traumliedes nicht übersehen werden. Nicht als ein verträumter Erdflüchtiger kehrt Olav Åsteson zurück, sondern als ein Mensch, der sich tatkräftig in den Tag begibt.

Über den Gebrauch des Traumliedes durch die Bevölkerung in alter Zeit besitzen wir nur spärliche Mitteilungen. Eine Sängerin, die es von ihrem Großvater gelernt hatte, erzählte von diesem, dass er es im hohen Alter »oft in seiner Einsamkeit sang«. – Manchmal wurde es wohl auch als eine Art Requiem verwendet. Wenn ein Mensch gestorben war und aufgebahrt lag, wachten die Hinterlassenen bei dem Toten. Dann wurde das Traumlied von Olav Åsteson gesungen, gleichsam als wollte man der abgeschiedenen Seele damit eine Umhüllung auf dem Wege »in die andere Welt« mitgeben.

Später kam die Zeit der Aufklärung. Die Pfarrer begannen gegen das Traumlied zu wettern, es galt ihnen als heidnischer Aberglaube. Und derart verpönt durfte es nicht mehr da gesungen werden, wo »vernünftige« Leute beisammen waren. Es schwieg das Traumlied, und es schwand das Wissen von der »anderen Welt«.

Die Herkunft des Traumlieds und seine Deutung aus anthroposophischer Sicht

Die Veröffentlichungen des Traumliedes durch Landstad und andere verhalfen in der zweiten Hälfte des 19. Jahrhunderts dem Lied zu einer Renaissance. Künstler und Wissenschaftler bahnten ihm die Wege, sodass es nicht nur bei kulturell Interessierten, sondern auch in breite Kreise des Volkes Eingang fand. Die Fragen, die das Traumlied bis heute aufwirft, gelten wissenschaftlich als nicht lösbar; denn durch die Methoden gebräuchlicher Forschung wird kaum jemals die volle Antwort zu finden sein. Schließlich kommt es weniger darauf an, nach den literarischen Vorbildern des Traumliedes zu suchen, als seine Wirklichkeit zu erfassen.

Für die Entstehung des Liedes wurde von den meisten Forschern das 13. Jahrhundert angenommen. So wie das Gedicht uns überliefert wurde, kann seine literarische Form schwerlich älter sein, eher etwas jünger. Dafür sprechen sowohl seine sprachliche wie seine formale Eigenart, vor allem die Endreime und der im Vergleich zur skaldischen Dichtung innige Ausdruck. Dass die überlieferte Form des Gedichtes aus dem genannten Jahrhundert stammt, will aber nicht besagen, dass der Inhalt aus dieser Zeit herrührt. Auch darüber ist sich die Mehrzahl

»Alte Leute und junges Volk, sie lauschten ohne Säumen ...«

der Forscher einig, dass die Quellen des Traumliedes älter sind als die uns überlieferte Gestaltung. Das Mittelalter war ja reich an Visionsdichtungen. Nichts konnte deshalb selbstverständlicher sein, als dass die Forscher Umschau hielten, um dem Traumlied Verwandtes zu finden. Für die Bewertung des gefundenen Materials musste schließlich die Grundeinstellung der Forscher entscheidend werden. Nur wenige hatten den Mut, sich zu Olav Åsteson als einer wirklichen Gestalt zu bekennen.

Es zeigte sich, dass viele Einzelheiten des Traumliedes mehr oder weniger Ähnlichkeiten mit Berichten von Visionären aufweisen. Ein Beispiel dafür sind die Schilderungen eines gewissen Godschalk, eines Bauern aus Holstein, von dem erzählt wird, dass er am Weihnachtsabend des Jahres 1189 in einen todähnlichen Schlaf fiel, der vier bis fünf Tage dauerte. Während dieser Zeit wurde seine Seele von zwei Engeln in schneeweißen Kleidern durch verschiedene Gebiete des Jenseits geleitet. Er musste über weite Felder voller Stacheln wandern. Doch einer der Engel erbarmte sich seiner und holte ihm Schuhe von den Zweigen einer großen Linde. Er kam an das Ufer eines breiten Flusses, wo nirgends eine Brücke zu sehen war; auf herangeschwemmten Brettern musste er mühsam hinüberwaten.

Weiter kommen zwei angelsächsische Visionäre, Tundal und Thurkill, für die Forscher als mögliche Hauptquellen infrage. Wie bei Godschalk finden sich auch bei diesen beiden gewisse Entsprechungen der seelischen Umgebung, oder Einzelheiten lassen sich aufzeigen, die an Erlebnisse Olav Åstesons erinnern. Doch wie aus den nachgewiesenen Elementen ein Traumlied hat entstehen können, das bleibt nach wie vor ein großes Rätsel. – Schließlich tauchte doch die Frage nach dem Dichter auf. Hat er etwa eigene Visionen gehabt, die er mit dem literarisch Übernommenen verschmolz? War er ein Mann des Volkes oder ein Gelehrter? Vielleicht ein Mönch? Alle diese Auffassungen fanden ihre Vertreter. Doch über schwach begründete Vermutungen kam man nicht hinaus.[6]

Für die rein philologische Wissenschaft kommt ja auch der Name Olav Åsteson in Betracht. Er gibt aber zunächst höchst unsichere Anhaltspunkte, denn in einigen Textaufzeichnungen heißt er nicht Åsteson, sondern Åknison oder ähnlich. Trotzdem möchten wir hier an Åste-son festhalten.

Wichtig ist in unserem Zusammenhang die Annahme, dass er sich auf die Mutter bezieht: Olav ist der Sohn einer Frau namens Åste oder Åsta. Åsta wird meist von »åstr« = Liebe abgeleitet. Olav könnte man etwa als »den von seinen Vorfahren Hinterlassenen« deuten. Er ist ein alter, in Norwegen sehr häufig vorkommender Name, so häufig, dass man den Menschen des volkseigentümlichen Typus als »Ola Nord-mann« anspricht.

Dass die mütterliche Erbschaft in der Benennung hervorgehoben wird, würde geisteswissenschaftlich besagen, dass noch alte, geistver-bindende Kräfte in seiner Seele walten. Diese waren, wie Rudolf Stei-ner des öfteren beschrieben hat, an das Blut gebunden, das durch die Generationen herunterströmte. Durch die so vererbten Kräfte bewahr-te sich das alte, traumhaft erlebte Schauen. Und diese Erbschaft erhielt sich vornehmlich durch die mütterliche Linie.

Damit sind wir aber schon über die Grenzen heutiger Philologie hinausgeschritten. Schon einer der ersten Forscher, Moltke Moe, der noch selbst Aufzeichnungen von Volksgesängen machte, ahnt diese Grenzen. Seine in vieler Hinsicht grundlegende Abhandlung über das Traumlied lässt er in eine ergreifende Schilderung einer der letzten Sängerinnen einmünden, die das Lied noch vom Volksmund kannte:

»Vor meinem Auge steigt ein Bild auf: das erste Mal, dass ich in der Telemark das Traumlied gesungen hörte. Eine armselige Hütte, weit oben in einem entlegenen Tal, Herbstwind und peitschender Regen ge-gen die Fensterscheibe; durch die Spalten des Fußbodens ein unleid-licher Zug. Und da auf einem Baumstumpf dicht am offenen Herd die betagte Sängerin selbst. Mühsam suchte sie in ihrer Erinnerung nach den halb vergessenen Strophen, die Stimme, mit der sie vortrug, war zitternd und gebrechlich. Doch nach und nach, als sich ihre Erinnerung klärte und sie von der Stimmung ergriffen wurde, bekam ihre Stimme Wärme, und die gefurchten, mageren Wangen röteten sich. Die Hoheit des Chorals, die Innigkeit des Liedes, die Hingerissenheit der Ekstase, – das war es! Manchmal klang es wie das bebende Echo einer fernen Kirchenglocke. Ich begann zu verstehen, dass dieses Lied durch sieben

Jahrhunderte überliefert werden konnte von der Mutter auf die Tochter, vom Vater auf den Sohn ... Mir war, als schaute ich durch Torf und Stein auf eine versunkene Zeit, eine Zeit von wunderbarer Einfachheit, aber mit großen Dimensionen. Da saß die Alte vor mir wie eine Hinterlassene aus längst dahingegangenen Tagen.«

Rudolf Steiner lernte das Traumlied 1910 bei einem Besuch in Oslo kennen. Die norwegische Schriftstellerin Ingeborg Möller-Lindholm war es, die ihn zuerst darauf aufmerksam machte und ihm auf Wunsch eine wortgetreue Prosaübersetzung unterbreitete, welche er später selber gestalten konnte. So stammt die erste Übersetzung oder vielleicht richtiger gesagt: freie Übertragung des Traumliedes in die deutsche Sprache von Rudolf Steiner.[7]

Rudolf Steiner kam in persönlichen Gesprächen mit Ingeborg Möller-Lindholm und anderen hin und wieder auf das Traumlied zurück. Diesen Gesprächen entnehmen wir Folgendes: Der Inhalt des Traumliedes sei viel älter als gewöhnlich angenommen, er stamme aus der Zeit ungefähr um 400 n. Chr. Damals lebte ein großer christlich Eingeweihter in Norwegen. Sein Mysterienname war Olav Åsteson, und das Lied schildert seine Einweihung. Er begründete eine Mysterienschule im südlichen Teil des Landes; der Name des Ortes wurde nicht genannt. Ursprünglich sei das Lied viel länger gewesen, es habe zwölf Abschnitte gehabt, einen für jedes Bild im Tierkreis. Das Lied schilderte Olav Åstesons Wanderung durch die Sternenwelt und was er dort sah und erlebte. Es sind nur Reste des ursprünglichen Liedes, die wir heute haben. Die erwähnte Mysterienschule bestand bis in das frühe Mittelalter hinein, und der Leiter wurde immer Olav Åsteson genannt.

Diese Andeutung des Geistesforschers wirft ein Licht auf die eingangs erwähnte Frage nach dem Verhältnis zwischen Olav Åsteson und Olav dem Heiligen. Dieser König war in seiner Art vielleicht doch ein Olav Åsteson. Aber nicht von einer menschlichen Identität soll die Rede sein, sondern von einem Impuls, einer geistigen Überschattung, die auf den großen Eingeweihten zurückgeht. So verstanden wäre der König Olav natürlich nicht der Einzige, der für den Namen Åsteson in Betracht kommen würde.

Bei der Bearbeitung seines Textes fasste Rudolf Steiner an einigen Stellen den Inhalt so zusammen, dass die ursprüngliche Einteilung der Strophen nicht immer eingehalten wurde. Seine Übertragung wie auch seine späteren Vorträge über das Traumlied zielten ja vor allem auf den rein geistigen Inhalt ab. Das Traumlied ist aber ein Lied, Wort und Melodie gehören zusammen. Und nie anders als gesungen wurde es vorgetragen. Nur so hat es sich von Geschlecht zu Geschlecht erhalten. Ist der Text eine Erbschaft verglommener Mysterien-Weisheit, so die Melodie ein Vermächtnis der Volksseele. Darum war es bei der hier vorliegenden Übertragung unser Bemühen, soweit wie möglich die Stropheneinteilung und den Rhythmus des Traumliedes dem Original entsprechend beizubehalten. Einen singbaren Text zu schaffen, das war die Aufgabe, die wir uns stellten.

Draumkvedet

Das Traumlied des Olav Åsteson

I.

Vil du meg lye, eg kvea full kann
um einkvan nytan drengjen,
alt um han Olav Åsteson
som heve sovi so lengje.
  Og det var Olav Åsteson
  som heve sovi so lengje.

* * * * * * * * *

Han la seg ned um joleftan
og sterkan svevnen fekk,
vakna kje før um trettandagen
då folket åt kyrkjun gjekk.
  Og det var Olav Åsteson
  som heve sovi so lengje.

Han la seg ned um joleftan,
no hev han sovi lengje,
vakna kje før um trettandagen
då fuglane skoko vengje.
  Og det var Olav Åsteson
  som heve sovi so lengje.

Han vakna kje før um trettandagen
då soli rann i lie,
då sala han ut fljotan folen
og ville åt kyrkjun rie.
  Og det var Olav Åsteson
  som heve sovi so lengje.

I.

Willst du mir lauschen, zu singen ich weiß
von einem wackren Manne,
all das von Olav Åsteson,
der da geschlafen so lange.
        Es war das Olav Åsteson –
        geschlafen hat er so lange.

        *　*　*　*　*　*　*　*　*

Zur Weihenacht er legt sich hin,
ihn starker Schlaf umfing.
Wachte erst auf am dreizehnten Tag,
das Volk schon zur Kirche ging.
        Es war das Olav Åsteson –
        geschlafen hat er so lange.

Er wachte erst auf am dreizehnten Tag,
umgürtete sich in Schnelle.
Weit und breit ward da die Welt
vom Glanz seines Gürtels helle.
        Es war das Olav Åsteson –
        geschlafen hat er so lange.

Er wachte erst auf, als die Vögelein
die Flügel schon taten spreiten –
da sattelt er sein flinkes Pferd
und wollte zur Kirche reiten.
        Es war das Olav Åsteson –
        geschlafen hat er so lange.

Då sala han ut fljotan folen
og ville åt kyrkjun rie,
so sprette han på seg belte sitt,
det glimar i verdi so vide.
     Og det var Olav Åsteson
     som heve sovi so lengje.

Presten stende fyr altari
og les upp lestine lange.
Olav set seg i kyrkjedynni
og tele draumane mange.
     Og det var Olav Åsteson
     som heve sovi so lengje.

Presten stende fyr altari
alt med si lærde tunge,
og rett som han på belte såg,
han gløymde båd' lesa og sjunge.
     Og det var Olav Åsteson
     som heve sovi so lengje.

Gamle mennar og unge
dei gjeve etti-gaume
medan han Olav Åsteson
no tele sine draume.
     Og det var Olav Åsteson
     som heve sovi so lengje.

Als er aufwacht' am dreizehnten Tag,
die Sonn' stieg über die Halde –
da zäumte er sein flinkes Pferd,
ritt hin zur Kirche alsbalde.
> Es war das Olav Åsteson –
> geschlafen hat er so lange.

Der Priester am Altare steht,
liest lang die Litanei,
Olav an der Kirchentür
erzählt seine Träume dabei.
> Es war das Olav Åsteson –
> geschlafen hat er so lange.

Der Priester am Altare vorn
vergaß Gesang und Segen –
staunte nur den Gürtel an
und konnt die Zunge nicht regen.
> Es war das Olav Åsteson –
> geschlafen hat er so lange.

Alte Leute und junges Volk,
sie lauschen ohne Säumen –
während Olav Åsteson
erzählt von seinen Träumen.
> Es war das Olav Åsteson –
> geschlafen hat er so lange.

II.

Eg la meg ned om joleftan
sterkan svevnen fekk,
vakne kje før um trettandagen
då folket åt kyrkjun gjekk.
> For månen skine
> og vegine falle so vide.

Eg hev vori meg upp med sky
og ned att på havsens grunne.
Den som vil mitt forfar fylle
han lær kje av blidom munne.
> For månen skine
> og vegine falle so vide.

Eg hev vori meg upp med sky
og ned att på svarte dike.
Eg hev sett åt heite helvite
og ein del av himmeriket.
> For månen skine
> og vegine falle so vide.

Eg hev fari yvi vigde vatten
og yvi djupe dalar.
Høyrer vatn og ser det ikkje,
under jordi so mune det fara.
> For månen skine
> og vegine falle so vide.

II.

Ich legt mich nieder zur Weihenacht,
mich starker Schlaf umfing.
Wachte nicht auf, eh am dreizehnten Tag
das Volk schon zur Kirche ging.
        Der Mond scheint helle,
        und weithin dehnen sich Wege.

Ich bin gewesen in Wolkenhöhn
und auf dem Meeresgrunde –
wer meiner Fußspur folgen will,
lacht nicht aus frohem Munde.
        Der Mond scheint helle,
        und weithin dehnen sich Wege.

Gehoben ward ich in Wolkenhöhn,
gestoßen in schwarze Teiche –
gesehen hab ich die heiße Höll,
ein' Teil auch vom Himmelreiche.
        Der Mond scheint helle,
        und weithin dehnen sich Wege.

Gefahren bin ich durch Täler tief
und über dunkle Gestade,
hört das Wasser und sah es nicht
auf unterirdischem Pfade.
        Der Mond scheint helle,
        und weithin dehnen sich Wege.

Eg er so trøytt og ferda-mo,
og inna so mune eg brenne.
Høyrer vatn og fær det inkje,
under jordi so mune det renne.
    For månen skine
      og vegine falle so vide.

Inkje kneggja soten min,
inkje gøydde min hunde,
inkje gol dei ottefuglan',
det tottest meg vera under.
    For månen skine
      og vegine falle so vide.

Eg kan noko av kvorjum,
og difor tykkjest eg frod.
Eg var longe i moldi moka –
ha' eg tott den dauden god.
    For månen skine
      og vegine falle so vide.

III.

Fysste eg var i uteksti,
eg for yvi tynnir-mo.
Sunde so gjekk mi skarlakskåpe
og neglan av kvar min fot.
    For månen skine
      og vegine falle so vide.

Der langen Fahrt bin ich nun müd,
Durst brennt und Feuer innen.
Höre das Wasser und find es nicht,
muss unter der Erden rinnen.
    Der Mond scheint helle,
    und weithin dehnen sich Wege.

Nicht wieherte mein Rappe da,
nicht bellten meine Hunde,
nicht riefen da die Morgenvögel,
all das dünkt mich ein Wunder.
    Der Mond scheint helle,
    und weithin dehnen sich Wege.

Erfahren musst ich der Dinge viel,
drum dünk ich euch nun weise. –
In Erden war ich längst verscharrt,
nun diesen Tod ich preise.
    Der Mond scheint helle,
    und weithin dehnen sich Wege.

III.

Ich zog hinaus in das Geisterland,
musst über Dornenheiden –
zerrissen ward mein Scharlachmantel,
die Nägel an Füßen beiden.
    Der Mond scheint helle,
    und weithin dehnen sich Wege.

Kjem eg meg åt Gjallarbrui,
ho heng so høgt i vinde.
Ho er all med gulle slegi
og saum i kvorjom tinde.
        For månen skine
        og vegine falle so vide.

Ormen høgg og bikkja bite
og stuten stend midte på leidi,
tri er tingi på Gjallarbrui,
og alle er gramme og vreide.
        For månen skine
        og vegine falle so vide.

Bikkja bite og ormen sting
og stuten stend og stangar.
Der slepp ingen yvi Gjallarbrui
som feller domane vrange.
        For månen skine
        og vegine falle so vide.

Eg hev gjengi Gjallarbrui
ho er både bratt og lei.
Vassa so hev eg dei Våsemyran
no er eg kvitte dei.
        For månen skine
        og vegine falle so vide.

Komm ich an die Gjallarbrück,
die hängt gar hoch im Winde,
beschlagen ist sie mit rotem Gold
und Nägel in jedem Gebinde.
Der Mond scheint helle,
und weithin dehnen sich Wege.

Bös die Schlange und bissig der Hund,
auf Weges Mitte der Stier.
Drei Tiere dräun auf jener Brück,
sind alle voll Grimm und Gier.
Der Mond scheint helle,
und weithin dehnen sich Wege.

Es stößt der Stier, und die Schlange sticht,
es beißt der Hund und bellt –.
Nicht einer über die Brücke kommt,
der falsche Urteile fällt.
Der Mond scheint helle,
und weithin dehnen sich Wege.

Ich hab begangen die Gjallarbrück,
den widrig steilen Steg.
Durchwatet hab ich das Höllenmoor,
nun hinter mir liegt dieser Weg.
Der Mond scheint helle,
und weithin dehnen sich Wege.

Vai so hev eg dei Våsemyran
der hev kje stad'i meg grunn.
No hev eg gjengi Gjallarbrui
med rapa mold i munn.
     For månen skine
       og vegine falle so vide.

IV.

So kom eg meg åt votno dei,
der isane brunno blå.
Men Gud skaut det i hugen min,
eg vende meg derifrå.
     For månen skin
       og vegine falle vide.

So tok eg av på vetterstig
alt på mi høgre hand,
der såg eg meg til Paradis,
det lyser yvi vene land.
     For månen skin
       og vegine falle vide.

Der såg eg meg til Paradis,
der var meg ingjen kjende,
berre ho sæle gudmor mi
med raude gull på hende.
     For månen skin
       og vegine falle vide.

Durchwatet hab ich das Höllenmoor,
da trug mich nirgends Grund –
begangen hab ich die Gjallarbrück
mit Grabeserd im Mund.
        Der Mond scheint helle,
        und weithin dehnen sich Wege.

IV.

Zu jenen Wassern kam ich nun,
wo Eise brannten blau.
Doch Gott gab mir in meinen Sinn,
dass ich dorthin nicht schau.
        Der Mond scheint hell –
        und Wege fallen weit.

Nun trat ich an die Sternenstraß'
zu meiner rechten Hand.
Da schaut ich in das Paradies
weit über alle Land.
        Der Mond scheint hell –
        und Wege fallen weit.

Da schaut ich in das Paradies,
doch niemanden ich kannte,
die sel'ge Taufmutter allein
mit Gold sich zu mir wandte.
        Der Mond scheint hell –
        und Wege fallen weit.

Der såg eg atte gudmor mi,
meg mune 'kje betre gange:
»Reis du deg til Broksvalin,
der sko' domen stande.«
      For månen skin
       og vegine falle vide.

V.

Eg var meg i aurom-heimi
i mange nettar og trå.
Det veit Gud i himmerik
hossi mang ei naud eg såg.
      I Broksvalin
       der sko' domen stande.

Eg såg meg einom drengjen den,
det fysste eg vart ved,
liten småsvein han bar i fanget
og gjekk i jordi til kne.
      I Broksvalin
       der sko' domen stande.

Kjem eg meg åt manni den,
kåpa den var bly.
Hass arme sål i dessom heimi
var trong i dyre tid.
      I Broksvalin
       der sko' domen stande.

Da meine Taufmutter ich fand,
nichts Bessres konnt geschehn:
»Du ziehe nun nach Broksvalin –
Gericht sollst dort du sehn.«
  Der Mond scheint hell –
  und Wege fallen weit.

V.

Ich weilte lang in andrer Welt,
der Nächte viel und gar zäh –
Gott nur weiß, was ich da sah:
der Seelen Not und Weh.
  In Broksvalin – dort,
  dem Richthof der Seelen.

Einen Mann dort nahm ich wahr
im Moor bis zu den Knien,
trug auf Armen einen Knab –
hat einst getötet ihn.
  In Broksvalin – dort,
  dem Richthof der Seelen.

Einen andern musst ich sehn,
sein Mantel war aus Blei –
die arme Seel im Erdensein
war eng in teurer Zeit.
  In Broksvalin – dort,
  dem Richthof der Seelen.

Kjem eg meg åt monno dei,
dei bar på gloande jord:
Gud nåde dei fatige såline
som flutte deildir i skog.
        I Broksvalin
            der sko' domen stande.

Kjem eg meg åt podda og ormen,
dei beit kvarandre i sporde.
Det var dei synduge syskjeni
som gifte kvarandre på jordi.
        I Broksvalin
            der sko' domen stande.

Kjem eg meg åt bonno dei,
dei støje så høgt på glo'.
Gud nåde dei synduge såline,
ha' banna burt far og mor.
        I Broksvalin
            der sko' domen stande.

Kjem eg meg åt syslohuset,
der var trollkjerringan inne.
Dei sto og kjinna i raude blodet,
det var so tung ei vinne.
        I Broksvalin
            der sko' domen stande.

Zweie glühende Erde trugen
– erbarme sich Gott ihrer Seelen –
Grenzen sie im Wald verschoben,
nun ließ sichs nimmer verhehlen.
    In Broksvalin – dort,
      dem Richthof der Seelen.

Wurm und Kröte sah ich auch,
zerbissen einander den Schwanz –
Blutschand sie auf Erden trieben,
nun quälte sie dieser Tanz.
    In Broksvalin – dort,
      dem Richthof der Seelen.

Dann kam ich zu Kindern hin,
die hoch im Feuer standen –
Gnade Gott den Sündigen,
die Vater und Mutter verbannten.
    In Broksvalin – dort,
      dem Richthof der Seelen.

Kam zum Haus der Qualen hin,
die Hexen dort standen in Glut –
schlimm war ihre Arbeit jetzt,
sie butterten im Blut.
    In Broksvalin – dort,
      dem Richthof der Seelen.

Det er heitt i helvite,
heitar hell nokon hygge.
Der hengde dei 'pyvi ein tjørukjetil
og brytja nedi ein preste-ryggje.
 I Broksvalin
 der sko' domen stande.

VI.

Der kom ferdi nordantil,
og den reid no so kvast:
Fyre reid Grutte Gråskjegge
alt med sitt store brass.
 I Broksvalin
 der sko' domen stande.

Der kom ferdi nordantil,
den tottest meg vera vesst:
Fyre reid Grutte Gråskjegge,
han reid på svartan hest.
 I Broksvalin
 der sko' domen stande.

Der kom ferdi sunnantil,
og den reid no so tvist:
Fyre reid sankte såle-Mikjel
neste Jesum Krist.
 I Broksvalin
 der sko' domen stande.

In der Hölle ist es heiß,
Feuer und kein Frieden!
Dort in einem Kessel voll Teer
ein Pfaffe musste sieden.
     In Broksvalin – dort,
       dem Richthof der Seelen.

VI.

Nun von Norden naht' ein Zug
in scharfem Trabe fürwahr –
dem voran ritt Grutte Graubart
und hinter ihm her seine Schar.
     In Broksvalin – dort,
       dem Richthof der Seelen.

Nun von Norden kam ein Zug
mit höllisch Geklapper daher –
dem voran ritt Grutte Graubart,
auf schwarzem Rosse ritt er.
     In Broksvalin – dort,
       dem Richthof der Seelen.

Und von Süden kam ein Zug,
nahte mit sanftem Schritt –
dem voran Sankt Michael
auf weißem Pferde ritt.
     In Broksvalin – dort,
       dem Richthof der Seelen.

Der kom ferdi sunnantil,
den tottest meg vera best.
Fyre reid sankte såle-Mikjel,
han reid på kvitan hest.
    I Broksvalin
      der sko' domen stande.

Der kom ferdi sunnantil,
ho tottest meg vera trå.
Fyre reid sankte såle-Mikjel,
og luren under armen låg.
    I Broksvalin
      der sko' domen stande.

Det var sankte såle-Mikjel
han bles i luren den lange.
Og no sko' alle såline
fram fyre domen gange.
    I Broksvalin
      der sko' domen stande.

Men då skolv alle synde-såline
som ospelauv fyr vinde,
og kvar den, kvar den sål der var
ho gret fyr syndene sine.
    I Broksvalin
      der sko' domen stande.

Und von Süden kam ein Zug,
den Seelen zum guten Geleite –
ritt voran Sankt Michael
an Jesu Christi Seite.
>   In Broksvalin – dort,
>   dem Richthof der Seelen.

Hoch und hehr Sankt Michael
führte die Lure zum Munde –
setzte an und blies hinein
den Seelen zur Richterstunde.
>   In Broksvalin – dort,
>   dem Richthof der Seelen.

Hoch und hehr Sankt Michael,
er ließ die Lure schallen –
zum Gerichte traten vor
die sündigen Seelen alle.
>   In Broksvalin – dort,
>   dem Richthof der Seelen.

Da zittert' eine jede Seel
wie Espenlaub im Winde –
und jede Seele weinen tat
ob ihrer schweren Sünde.
>   In Broksvalin – dort,
>   dem Richthof der Seelen.

Det var sankte såle-Mikjel
han vog i skålevikt, –
så vog han alle syndesåline
burt til Jesum Krist.
        I Broksvalin
        der sko' domen stande.

VII.

Sæl er den i fø'isheimen;
fatige gjeve sko;
han tarv inkje berrføtt gange
på kvasse heklemo.
        Tunga talar
        og sanning svarar på domedag.

Sæl er den i fø'isheimen
fatige gjeve ku;
han tarv inkje sumlug gange
på håge Gjallarbru.
        Tunga talar
        og sanning svarar på domedag.

Sæl er den i fø'isheimen
fatige gjeve brau;
han tarv inkje reddast i aurom-heimi
fyr horske hundegau.
        Tunga talar
        og sanning svarar på domedag.

Groß stand da Sankt Michael
und wog auf seiner Waage –
wog die Seelen Christus zu,
dass Er die Sünder trage.
        In Broksvalin – dort,
            dem Richthof der Seelen.

VII.

Selig, wer im Geborensein
dem Armen schenket Schuh –
auf der bösen Dornenheid
die Dornen ihm nichts tun.
        Zungen reden –
            doch Wahrheit spricht beim Weltgericht.

Selig, wer im Geborensein
dem Armen schenkt ein Rind –
auf der hohen Gjallarbrück
die Sicht ihm nimmer schwind't.
        Zungen reden –
            doch Wahrheit spricht beim Weltgericht.

Selig, wer im Geborensein
dem Armen spendet Brot –
auf der hohen Gjallarbrück
der Hund ihm nimmer droht.
        Zungen reden –
            doch Wahrheit spricht beim Weltgericht.

Sæl er den i fø'isheimen
fatige gjeve konn;
han tarv inkje reddast på Gjallarbrui
fyr kvasse stutehorn.
Tunga talar
og sanning svarar på domedag.

Sæl er den i fø'isheimen
fatige gjeve klæ'e;
han tarv inkje reddast i aurom-heimi
fyr håge kjellar-bræ'e.
Tunga talar
og sanning svarar på domedag.

Sæl er den i fø'isheimen
fatige gjeve mat;
han tarv inkje reddast i aurom-heimi
anten fyr hæ'e hell hat.
Tunga talar
og sanning svarar på domedag.

* * * * * * * * * *

Gamle mennar og unge
dei gjeve etti-gaume –
det var han Olav Åsteson,
no hev han talt sine draume.
Statt upp du Olav Åsteson
som heve sovi so lengje!

Selig, wer im Geborensein
dem Armen gibt vom Korn –
auf der Brück er fürchte nicht
des Stieres scharfes Horn.
Zungen reden –
doch Wahrheit spricht beim Weltgericht.

Selig, wer im Geborensein
dem Armen schenkt ein Kleid –
er fürchte nicht im Geisterland
durch Gletscherstürze Leid.
Zungen reden –
doch Wahrheit spricht beim Weltgericht.

Selig, wer im Geborensein
dem Armen Speise reicht –
im Geisterland er sehen wird,
dass Hass und Neid ihm weicht.
Zungen reden –
doch Wahrheit spricht beim Weltgericht.

* * * * * * * * *

Alte Leute und junges Volk,
sie lauschten ohne Säumen –
es war das Olav Åsteson,
er sprach von seinen Träumen.
Steh auf, du Olav Åsteson,
der du geschlafen so lange!

Magne Skrede

Zur Melodie des Traumlieds

Das Traumlied wurde für gewöhnlich auf vier verschiedene Melodien gesungen, die wir hier wiedergeben wollen. Allerdings lässt der Rhythmus der verschiedenen Strophen sich schwer durch die Noten festhalten. Die Sänger haben ja die Melodie mit der Silbenzahl von Strophe zu Strophe gewandelt. Außerdem hat jeder hat das Lied wohl auf seine Art vorgetragen, sie benutzten Verzierungen und verwendeten an einigen Stellen unterschiedliche Intervalle.

Wichtig beim Singen ist jedenfalls: mit dem Wort die Melodie frei, schwebend zu gestalten und die Notenwerte nicht immer im absoluten Sinne zu nehmen. Die Betonung lauscht man am besten dem Wort selbst ab und bringt sie jedes Mal neu in Übereinstimmung mit der Melodie. Die letzte Strophe des Traumliedes wurde rezitiert, manchmal auch verschiedene andere, wie in unserer Aufnahme.

Die Melodien sind alle modal, in Kirchentonarten gesetzt, stammen also aus einer Zeit, bevor Dur und Moll »tonangebend« wurden. Höchstwahrscheinlich wurden sie in reiner Stimmung – nicht temperiert – gesungen. Der gregorianische Choral, der in der geistlichen Musik des Mittelalters eine dominante Rolle spielte, ist ganz an den Atemrhythmus gebunden, wobei der Wortfluss Schnelligkeit, Phrasierung und Gewichtung bestimmt. Schnelles Einatmen – langsames Ausatmen. Langsames Einatmen – schnelles Ausatmen. Die Gregorianik hat einen Finalis-Ton, betont jedoch an sich keinen festen Grundton. Sie ist bescheiden in ihrem Tonumfang, der ganz dem sprachlichen Sinn unterworfen ist. Im Gegensatz dazu hat die weltliche Musik jener Zeit einen größeren Tonumfang und ist von einem »Blutpuls« durchdrungen; die Sprache ist einem qualitativen Rhythmus, einem »Beat«, unterworfen, um einen modernen Ausdruck zu gebrauchen.

Im Traumlied begegnen wir einer Melodie und Liedform, die sowohl einen gregorianischen Zug als auch den pulsierenden Rhythmus der weltlichen Musik hat. Die Färbung der Melodien entspricht dem sprachlichen Inhalt; mit üblicher Takteinteilung wird völlig gebrochen. Der Tonumfang ist groß, ebenso wie die norwegische Natur hohe Berge und tiefe Täler hat. Dennoch »fließen« die Texte in der melodischen Landschaft voran.

Ich legt mich nie - der zur Wei - he-nacht,
mich star - ker Schlaf um - fing.

Obwohl die Melodien den schwebenden Charakter der Kirchentonarten haben, wird hier und da die Finalis dadurch betont, dass der Leitton kräftig verstärkt wird. Im folgenden Beispiel ist auf den letzten Ton zu achten!

Ich weil - te lang in — an - drer Welt, —
der Näch - te viel und gar zäh, —
Gott — nur weiß, was ich — da sah

Die sogenannte »Himmelsmelodie« ist für die vier Verse aufgespart, die vom Paradies handeln. Die Melodie beginnt mit einem für uns klaren Dur, geht ins Moll über, um sich dann als eine phrygische Melodie zu offenbaren.

Farbenreichtum und eine fast zeitlose Gefühlstiefe sprechen aus diesen Melodien. Sie sind unverkennbar mittelalterlich und norwegisch, und doch allgemein menschlich. Sie haben etwas Volkstümliches und zugleich Erhabenes an sich.

Die besondere Qualität des Textes und die musikalische Tiefe der Melodien des Traumliedes können sicherlich noch für lange Zeit eine menschliche, religiöse und künstlerische Inspirationsquelle sein.

Singweise für I

Willst du mir lau - schen zu sin - gen ich weiß

von ei - nem wa - ckren Man - ne,

all das von O - lav Ås - te - son,

der da ge - schla - fen so lan - ge.

Es war das O - lav Ås - te - son,

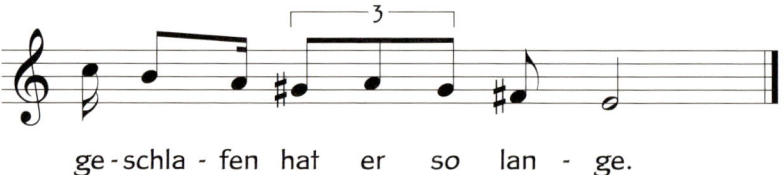

ge - schla - fen hat er so lan - ge.

Singweise für II, III und VII

Ich legt mich nie - der zur Wei - he - nacht,

mich star - ker Schlaf um - fing. —

Wach - te nicht auf eh am drei - zehnten Tag —

das Volk schon zur Kir - che ging. —

Der Mond scheint hel - le,

und weit - hin deh - nen sich We - ge.

Singweise für IV

Zu je - nen Was - sern kam ich nun,

wo Ei - se brann - ten blau, ——

doch Gott gab mir in mei - nen Sinn,

dass ich dort - hin —— nicht schau.

Der Mond scheint hell,

und We - ge fal - len weit.

Ich weil - te lang in — an - drer Welt, —

der Näch - te viel und gar zäh, —

Gott — nur weiß, was ich — da sah

an See - len Not — und Weh. —

In Brok - sva - lin dort

dem — Richt - hof der See - len.

»Zur Weihenacht er legt sich hin, ihn starker Schlaf umfing.«

Terje Christensen

Das wirkliche Alter des Traumlieds

Ansichten und Argumente

Viele Wissenschaftler fühlten sich im Laufe der Zeit herausgefordert, das Traumlied zu untersuchen: Welchen Ursprung es haben könnte, wie alt es sei usw. Landstad und Jørgen Moe, die Mitte des 19. Jahrhunderts als Erste Teile des Liedes sammelten und aufzeichneten, kamen zu der Auffassung, das Lied sei sehr alt – Landstad vermutete sogar, die Entstehung könne in die Zeit der Christianisierung des Nordens fallen, und nennt den Missionar Ansgar, der im 10. Jahrhundert wirkte. Spätere wissenschaftliche Untersuchungen gehen teilweise jedoch von einer erheblich jüngeren Entstehungszeit aus. Viele qualifizierte Kulturwissenschaftler, Literaturhistoriker und Sprachforscher, die diese und andere Fragen rund um das Traumlied untersucht haben – Sophus Bugge, Moltke Moe (er gab die ersten etwas ausführlicheren wissenschaftlichen Kommentare heraus), Fredrik Paasche, Knut Liestøl, Olav Bø, Hans Midbøe, Brynjulf Alver und Michael Barnes – kamen zu dem Ergebnis, dass das Traumlied vermutlich irgendwann im Laufe der letzten Jahrhunderte des Mittelalters entstand. Ein einziger verlegt das Entstehungsdatum in die Zeit der Gegenreformation. Am stärksten »verjüngt« wurde das Traumlied aber durch Brynjulf Alver[8]: Er ist der Überzeugung, dass wir es mit einer Dichtung aus dem 18. Jahrhundert zu tun haben, vielleicht sogar aus der zweiten Hälfte des Jahrhunderts. Diese Theorie, die er 1971 in einer Abhandlung vorstellt und erläutert, scheint jedoch keine größere Zustimmung gefunden zu haben. Rund zwanzig Jahre später setzte der bekannte schwedische Forscher Bengt

Jonsson die Entstehung des Liedes sehr viel früher an: Nach seiner Einschätzung deutet vieles auf die Jahre rund um 1300.

Obwohl Alvers Hypothese in der wissenschaftlichen Welt kaum Widerhall gefunden hat, ist es interessant, sich einige seiner Standpunkte zu anzuschauen. Ein Argument, das als Beleg für das hohe Alter des Traumlieds angeführt wurde, sind die vielen archaischen Sprachformen. Für Alver ist dies kein Beweis: In der Telemark könne man entsprechende Formen noch im Sprachgebrauch des 19. Jahrhunderts finden. Damit hat er möglicherweise recht, aber wir vermissen einen konkreten Hinweis darauf, dass die altertümlichsten Worte und Beugungsformen im Traumlied tatsächlich im späteren Sprachgebrauch vorkommen.

Auch der visionäre Charakter des Liedes ist Alvers Meinung nach kein Argument für ein hohes Alter. Visionen und Visionsdichtung seien noch lange nach Ende des Mittelalters bekannt und beliebt gewesen. Als Beispiel führt Alver eine Volksweise aus dem 18. Jahrhundert an, in der eine Frau aus Sunnmøre[9] in einem Zustand der Entrückung Himmel und Hölle sieht.

Das, was nach allgemeiner Auffassung am deutlichsten für eine frühe Entstehung des Liedes spricht, sind die katholisch geprägten Motive wie der Erzengel Michael, die Jungfrau Maria (etwas fraglicher) und die Qualen der Sünder, die an das Fegefeuer erinnern, um nicht von Bildern aus noch älterer Zeit zu sprechen – der Gjallarbrücke oder einem Wesen wie Grutte Graubart –, deren Wurzeln in der alten nordischen Mythologie zu suchen sind. Auch dieser Gesichtspunkt ist nach Alvers Auffassung jedoch nicht überzeugend: All diese Motive könnten doch auf einige Kenntnisse in Kirchengeschichte und mittelalterlicher Dichtung zurückgehen. An einer Stelle geht er sogar so weit zu behaupten: Hier könne es keine andere Quelle für Inspiration und Wissen geben als die Kirche. Weder Thema noch Motive oder Sprachform geben also nach Alvers Ansicht Grund zur Annahme, das Traumlied sei besonders alt.

Alver zweifelt jedoch nicht daran, dass wir es hier mit einer richtigen Ballade zu tun haben – obwohl auch das von Einzelnen diskutiert wurde. Aber er hält fest: Eine Mittelalterballade ist es nicht. Im Gegenteil: Alles deute darauf hin, dass die Varianten, die als Aufzeichnungen vorliegen, späte Formen sind. Einzelne Angaben von Sängern scheinen diese Formen auf die Zeit zwischen Mitte und Ende des 18. Jahrhunderts zu datieren.

Auffallend ist, wie vehement Alver in seiner Erörterung alles daransetzt, zu beweisen, dass das Traumlied nicht unbedingt alt sein muss, während sich seine Argumente dafür, dass es tatsächlich neueren Datums ist, hauptsächlich auf starke Behauptungen stützen. Es fällt auch auf, dass keiner der Sammler und Wissenschaftler, die sich im Lauf der Zeit mit dem Traumlied beschäftigten, die Aussagen der Sänger ähnlich verstanden haben wie Alver, dass diese nämlich eine so späte Datierung nahelegen. Informationen, die auf eine ältere Entstehung hindeuten, übersieht Alver hingegen.

Beispielsweise wurde Landstad in Skafså mitgeteilt, dass das Traumlied dort bis zur Zeit des Pfarrers Hans Mathias Abels (ca. 1770) sehr verbreitet und üblich war. Weil das Lied, wie es hieß, »eine anstößige Mischung aus Heidentum und katholischem Aberglauben« enthielt, setzte Abels alles daran, dass es nicht gesungen wurde, und bewirkte so, dass es nach und nach in Vergessenheit geriet. Wenn es bereits zu dieser Zeit »verbreitet und üblich« war, darf man wohl annehmen, dass es ein gewisses Alter hatte. Und wenn wir das Gegenteil annehmen, also dass es verhältnismäßig spät geschaffen wurde und sich rasch verbreitet hat, wäre wohl der Urheber bekannt gewesen, und der Pfarrer hätte gegen den Betreffenden vorgehen und das Übel bei der Wurzel packen können.

Auf ein hohes Alter des Liedes deutet auch folgende Aussage hin, die Olav Bø anführt: »Es ist niemand so unkundig, dass er nichts vom Traumlied kann, und niemand so klug und gelehrt, dass er alles kann, sagten die Alten. Solche Worte gebrauchte ein Geschichtenerzähler, um zu verdeutlichen, wie schwierig es war, das merkwürdige Lied ganz und gar zu kennen. ...«[10]

Es ist überhaupt bemerkenswert, dass nicht eine einzige Aussage über das Lied auf den Namen des Urhebers, das Alter des Liedes oder andere Umstände der Entstehung hinweist. Und das, obwohl wir es hier mit traditionsreichen Gegenden zu tun haben, in denen die Erinnerung an herausragende Dorfbewohner über viele Generationen bewahrt werden konnte. Und wenn ein besonders guter Geigenspieler oder Holzschnitzer noch lange nach seinem Tod in der Erinnerung weiterlebte, dann ist es wenig wahrscheinlich, dass der Schöpfer einer so ungewöhnlichen und großartigen Dichtung wie das Traumlied nicht mindestens genauso lange in der Tradition weitergelebt hat.

In diesem Zusammenhang bietet es sich an, einen Blick auf die Überlieferung zu werfen, die auf die Vorfahren von Maren Ramskeid in Brunkeberg zurückgeht. Ihre Version des Traumliedes, meist als die wertvollste Version angesehen, stammte von ihrem Vater Olav Gudleiksson (1757–1834), der das Lied wiederum von seinem Vater Gudleik Jørundsson (1725–1824) gelernt hatte. Innerhalb dieser Familie geht die Überlieferung also auf jeden Fall bis ins 18. Jahrhundert zurück. Hier haben wir eine Familie mit in der dortigen Region bekannten Mitgliedern, deren Geschichte bis ca. 1600 zurückverfolgt werden kann und die ganz sicher Traditionen von Generation zu Generation sorgfältig weitergegeben und bewahrt hat. Aber von diesen Traditionsträgern ist kein Wort darüber überliefert, wer das Lied gedichtet hat oder wo es herkommt.

In die Erörterungen um die Entstehung des Traumliedes wurden die Geschichtswissenschaft, Philologie, Literaturwissenschaft usw. einbezogen, aber der Fleiß der Wissenschaftler resultierte größtenteils in Wahrscheinlichkeitsbetrachtungen, die sich auf mehr oder weniger überzeugende Einzelheiten stützten. Dabei hängt viel davon ab, wie viel Gewicht auf die unterschiedlichen Details eines solchen Mosaiks gelegt wird. Wenn die Ungewissheit auf diese Weise nicht aufgelöst werden kann, sollte man vielleicht versuchen, sich über eine ganzheitlichere Sichtweise anzunähern, nicht zuletzt auch über das künstlerische Erleben des Liedes.

Gerade hierfür hat Alver uns, wenn nicht den Schlüssel, so doch einen Fingerzeig gegeben, indem er auf die Volksweise von Sunnmøre hingewiesen hat. Diese stammt aus dem 18. Jahrhundert und wird als Beispiel für eine Visionsdichtung aus neuerer Zeit in die Diskussion einbezogen. Aber als Stütze für Alvers Sichtweise ist dieses Beispiel nicht besonders glücklich gewählt – im Folgenden einige Zeilen aus der zweiten und dritten Strophe (im Ganzen sind es 42) über »Das Weib,

»… zerrissen ward mein Scharlachmantel, die Nägel an Füßen beiden.«

das in große Ohnmacht fiel« und von Michaeli bis Weihnachten »in
großen Schmerzen« lag:

> Im Jahre siebzehnhundert-
> undsiebenundsechzig geschah es,
> dass sie erkrankte;
> am Michaelstag wurde sie schwach,
> und die Krankheit hielt an
> bis Weihnachten zu Ende war,
> da bemerkte sie plötzlich:
>
> ein noch heftigeres Gefühl
> von Schmerzen und Ohnmacht,
> das ihr Herz drückte;
> in ihrer linken Brust spürte sie einen Stich;
> sie dachte, sie würde den Stachel des Todes fühlen;
> sie legte sich aufs Bett,
> nahm Abschied von der Welt …

Diese Entrückung dauerte sechs Stunden:

> Sie meinten alle, sie sei tot,
> da richtete sie sich auf und es brach
> (nach einem kurzen Dämmerzustand)
> eine bemerkenswerte Rede aus ihr heraus:
> »Oh! Ich bin an einem Ort gewesen,
> wo ich die Majestät Gottes gesehen habe,
> und die Freude der Auserwählten,
> ich hörte auch desgleichen
> den Jammer und Schrecken,
> den die Verdammten leiden,
> wie erbärmlich sie schreien« … [11]

Und nun der Vergleich dieser Strophen mit der großartigen Einleitung
des Traumliedes:

> Willst du mir lauschen, zu singen ich weiß
> von einem wackren Manne,
> all das von Olav Åsteson,
> der da geschlafen so lange.
> > Es war das Olav Åsteson –
> > geschlafen hat er so lange.

Hier handelt es sich nicht nur um den Unterschied zwischen einem »Reimeschmied« und einem wirklichen Dichter. Wir stehen zwei sehr unterschiedlichen Zeitaltern gegenüber: Durch die Ausschmückung mit allen möglichen erklärenden Details zeugt die Volksweise aus Sunnmøre von ihrer Entstehungszeit, dem 18. Jahrhundert, das geprägt war durch Rationalismus und die Verehrung des Verstandes, während die Bilder des Traumliedes etwas von der unsentimentalen und großartigen Schlichtheit und Kraft des Sagastils in sich tragen. Einige der bedeutendsten Kenner der mittelalterlichen Dichtkunst zweifelten deshalb auch nicht am hohen Alter des Traumliedes, hier wollen wir nur Moltke Moe, Fredrik Paasche und den Dänen Axel Olrik nennen.

Ein Hinweis auf das Alter des Gedichtes ist möglicherweise auch im Namen der Hauptperson zu finden. Åsteson scheint in vielen Kommentaren zum Gedicht fast selbstverständlich aufgefasst zu werden als »Sohn der Åsta«. Das führt den Gedanken natürlich hin zu Olav dem Heiligen, dessen Mutter Åsta hieß. Nun gibt es jedoch keine Quelle, die den Heiligenkönig mit dem Namen der Mutter bezeichnet, nur mit dem des Vaters: Olav Haraldsson. Dagegen war im Mittelalter der Männername Åste (altnorwegisch Àsti) recht verbreitet – nicht weniger als rund zwanzig Namen von Gehöften in Ostnorwegen haben den Stamm »Åst-« (Åsterud, Åsterød), und in den allermeisten Fällen haben wir es mit dem Männernamen Åste zu tun. Nicht zuletzt in der Telemark und im Gebiet Grenland ist dieser Name üblich gewesen, so erscheint er zum Beispiel einige Male in Mæla in Gjerpen im 13. und 14. Jahrhundert. Es ist daher gut möglich, dass der Ich-Erzähler im Traumlied als Sohn von Åste bezeichnet wird. Dass der Name in neuerer Zeit selten geworden ist, könnte auf einen alten Ursprung hindeuten.

Ist denn nun aber das Alter des Traumlieds so wichtig für uns? Nach seiner eigenen, sehr eingehenden Erörterung des Problems, behauptet Alver sonderbarerweise, dies sei nicht der Fall. Die Tatsache, dass die Frage nach dem Alter des Traumlieds zentraler Bestandteil vieler Abhandlungen war, deutet jedoch auf das Gegenteil hin. Und das ist keine Überraschung: Denn wenn ein Schiff in einem Hügelgrab Wissenswertes über Schiffbaukunst, Schifffahrt und Handel der betreffenden Zeit geben kann, muss man wohl annehmen, dass auch ein geistiges Werk wie das Traumlied – wenn sein Alter angegeben werden könnte – uns etwas Bedeutendes über die Zeit zu sagen hätte, in der es entstanden ist.

Jens Braarvig

Das Traumlied in der mythologischen Tradition

Das Traumlied steht als Dichtung in einer großen Tradition. Die Reise in die Unterwelt ist nämlich eines der großen Motive der Geistesgeschichte – oft geknüpft an Mysterientraditionen. Die erste literarische Beschreibung einer Reise in die Unterwelt ist das über 4000 Jahre alte sumerische Gedicht über die Göttin Inanna, die Königin des Himmels, Kriegsgöttin, Liebesgöttin und Beschützerin des städtischen Lebens im alten Mesopotamien. Inanna muss auf ihrem Weg ins Reich des Todes nach und nach all ihre schicksalsbestimmten Eigenschaften abgeben und endet als ein an der Wand hängendes Stück Fleisch. Aber alle weinen um sie, und sie wird aus der grausamen Dunkelheit dort unten zurückgeholt – auch wenn Dumuzi, der Gott der Hirten und Inannas Mann, sie den Gottheiten der Unterwelt ersetzen muss: Dumuzi muss ein halbes Jahr dort unten in der staubigen Dunkelheit zubringen, und seine Schwester Geshtinana, die Göttin der Ackerbauern und speziell der Winzer, das andere halbe Jahr.

Die Geschichte um Inanna, Dumuzi und Geshtinana ist verknüpft mit dem jährlichen periodischen Wechsel in der Vegetation: Inanna schenkt ihren Städten Leben und Freude, Dumuzi versorgt die Menschen durch seine Tiere mit Milch und Fleisch, während Geshtinana den Pflanzen Leben und dadurch den Menschen Nahrung gibt.

Die Menschen haben zu allen Zeiten die Sprache der Natur benutzt, um ihre eigenen Verwandlungen und Metamorphosen zu veranschaulichen. So wie die Natur jedes Jahr stirbt und wieder aufersteht, verwandelt sich der Mensch im Laufe seiner Lebensstadien; auch der Mensch durchschreitet in seinen Lebensphasen Tod und Auferstehung, und aus

»...die sel'ge Taufmutter allein mit Gold sich zu mir wandte.«

den Konfrontationen mit der Grenze des Lebens erwachsen ihm seine Prüfungen. So hat die kultische Erzählkunst das menschliche und göttliche Leben immer in Analogie mit der Natur und dem Pflanzenleben beschrieben, in den Verwandlungen vom keimenden Samenkorn über Blüte und Reife bis hin zur welkenden Pflanze: Immer ist das göttliche Leben gegenwärtig – in der Natur wie im Menschen, ewig regenerierend, den Verwandlungen innewohnend.

Wenn wir uns von den uralten mesopotamischen Traditionen zum antiken Griechenland bewegen, ungefähr 600 Jahre vor unserer Zeitrechnung, finden wir den Eleusinischen Mysterienkult in voller Blüte. Hier ist die fruchtbare Göttin der Erde, die besorgte Demeter, auf der Suche nach ihrer Tochter Kore, die von Hades, dem Bruder von Zeus und König der Unterwelt, aber auch Bruder von Demeter, geraubt wurde. Die strahlende Göttin ist in Trauer, aber als sie von dem Verrat ihrer Brüder hört, wird sie rasend und versagt den Menschen und Göttern die Ernte. Da müssen die zwei Brüder Demeter ihre Tochter zurückgeben – aber das war ein erneuter Verrat, denn Hades hatte Kore an sich gebunden, sodass sie zurückkehren und ein Drittel des Jahres als Hades' Königin in der Unterwelt wohnen musste – als Herrscherin der Unterwelt mit Namen Persephone. Wir sehen wieder die Verwandlungen der Natur, die ewige Wiederholung von Tod und Auferstehung des Samenkornes, aber im Mysterienkult liegt das Gewicht eher auf der Analogie mit dem Menschenleben. In dem Eleusinischen Mysterien-Schauspiel konnten die Mysten, die in die Mysterien der Göttin eingeweiht werden sollten, an dem göttlichen Schicksal teilnehmen: dem Verlust, der Sorge, dem Suchen und Wiederfinden der geliebten Tochter als Sinnbild für die menschliche Verwandlung.

Die andere große Mysterientradition in Griechenland waren die Orphischen Mysterien, wovon ein Teil die Reise in den Hades beschrieb. Diese Reise wurde verursacht durch die Sehnsucht – die religiöse Sehnsucht ausgedrückt durch die Sprache der Liebe, durch Orpheus' Liebe zu seiner verlorenen Eurydike. Er gewinnt sie – wie wir wissen – fast zurück, aber das Ende ist tragisch. Trotzdem klingt der musische Mysterien-Impuls des Orpheus durch die Renaissance bis in unsere Zeit.

Die Reise in die Unterwelt, die die westliche Tradition vor allem kennt, ist das Hinabsteigen Christi in das Reich des Todes als ein zentraler Teil des christlichen Mysteriums. Das Christentum nahm also die antiken Mysterientraditionen in sich auf und vermittelte sie in eigener Form. Das Ostermysterium war auch der Hintergrund für Dantes »Einweihungsreise« zur Hölle, ins Fegefeuer und in den Himmel. Ostern, die Zeit, in der die Vegetation wieder auf die Erde zurückkehrt, war für die Mittelmeerländer die zentrale Zeit für das Feiern der Mysterien: Im Frühling kamen die keimenden und erblühenden Götter zurück zur Erde, da wurden sie wiedergeboren nach ihrem Tod und Aufenthalt in der dunklen Unterwelt. Gesund und voll neuen Lebens kamen sie, um die Menschen mit ihren Gaben zu beschenken – und mit einem besseren Leben sowohl hier auf der Erde als auch im Jenseits.

Das Traumlied steht also in der großen Tradition mystischer Dichtung, aber eines ist augenfällig: Die Menschen im Norden verlegen das Mysterium in die Weihnachtszeit, Olav Åsteson reist an jenem Tag in das Reich der Toten, an dem Christus geboren ist – zu der Zeit, zu der sich auch die Sonne wendet. Denn bevor der christliche Glaube Einzug hielt, betete der nordische Mensch die Sonne an, die lebensspendende Kraft, die im Mittwinter am schwächsten war. In der Zeit des Jahres, in der die Sonne nicht mehr sank, sondern sich wendete, um wieder ihre erneuernde Kraft zu schenken, fand der Bewohner des Nordens seinen eigenen großen Wendepunkt – den Zeitpunkt für das große Fest zur Ehre des zurückgekehrten Lebens. Da trank man Weihnachtsbier, da feierte man mit dem Besten, was man hatte, da trat man aus dem gewöhnlichen Leben heraus und ließ das Weihnachtsfest dreizehn Tage dauern – dreizehn Tage voll von nicht alltäglichen Geschehnissen, die das kommende Jahr vorwegnahmen.

Was war also natürlicher, als die Mysterien in dieser Zeit zu feiern, was war wohl natürlicher, als das Weihnachtsfest so zu verstehen, dass es Tod und Auferstehung durch das Bild der Sonne verband? Das war der richtige Augenblick für die eigene Wiedergeburt, das neu erlebte Leben, wurzelnd in dem Initiationserlebnis in der anderen Welt: Der Erzengel Michael verteilt die gerechten Strafen und zeigt Olav das größte und zugleich einfachste Mysterium, nämlich die demütige Erkenntnis unserer menschlichen Fehler – und barmherzige Handlungen.

Als sich der christliche Glaube in den nordischen Ländern ausbreitete, wurde Christi Geburt deshalb in Analogie mit dem Tod und der Auferstehung der Sonne gefeiert – als ein Reflex auf das Ostermysterium in einer Zeit, in der sich die Rückkehr des Lichtes im Norden abspielt. Und Olavs erschreckendes und mächtiges Initiationserlebnis um das Mysterium des Todes, des Leidens und des Gerichts während des Weihnachtsfestes, seine Reise über die goldgepflasterte, aber schreckliche Gjallarbrücke, zum Schluss die ihm zuteil werdende Hilfe durch die Mutter Gottes und seine Rückkehr am Ende der Weihnachtszeit – all dieses wurde zur nordischen *imitatio christi*, zur seelischen Läuterung und Metamorphose angesichts der fürchterlichsten Erlebnisse in der Hölle und im Fegefeuer. Die aufsteigende Sonne der Wiedergeburt ist das Erste, was Olav sieht:

> Als er aufwacht' am dreizehnten Tag,
> die Sonn' stieg über die Halde –
> da zäumte er sein flinkes Pferd,
> ritt hin zur Kirche alsbalde.
> Es war das Olav Åsteson –
> geschlafen hat er so lange.

Während der Abwesenheit der Sonne ist es der Mond, das Licht der Nacht, das Olav als Refrain auf seiner Reise begleitet:

> Der Mond scheint helle,
> und weithin dehnen sich Wege.

Auf diese Weise verschmolzen die frühlingshaften Ostertraditionen der Mittelmeerländer mit dem Verständnis der nordischen Völker von der Mittwintersonne – der Sonne als Zeichen für den Tod, die nachfolgende Wiedergeburt und die Rückkehr des Lebens. Das ist auch das Hauptmotiv in *Geisli* oder *Der Sonnenstrahl*, einem Huldigungsgedicht für den Heiligen Olav aus dem 12. Jahrhundert:

Diese Sonne, die die Dunkelheit
der Erde um Mitternacht vertrieb,
wurde das Licht der Welt genannt,
sie leuchtete wie der Himmelskönig;
die Sonne wurde geboren
wie ein Mann auf der Erde und
die klaren Sterne des Meeres,
Wohltat für uns alle.

So verschwand das heilige Sonnenlicht,
aber von dir wurde uns gegeben
ein noch freigebigeres Licht
vom Sitz der Sonne:
Größte Glückseligkeit wurde uns gegeben
an dem Tag, an dem der Herr
Leben gab allen
durch seinen Tod am Kreuz.

Solarjod oder *Das Sonnenlied* ist ein anderes Visionsgedicht über das Todesreich aus dem 13. Jahrhundert, in dem der tote Vater sich an seinen Sohn wendet und ihn darum bittet, ein rechtschaffenes Leben zu führen. Die Sonne ist wieder ein Bild für Christus:

Die Sonne, die ich sah,
der wahre Tagesstern,
schief in den sturmumtosten Welten;
aber das Höllentor
hörte ich auf der anderen Seite
laut knarren.

Die Sonne, die ich sah,
beschrieben mit blutigen Buchstaben,
mit einem Ruck fiel ich aus der Welt hinaus,
mächtig wirkte sie
in vielerlei Hinsicht –
verglichen mit dem, was vorher war.

Die Sonne, die ich sah,
es schien mir
als sähe ich den hohen Gott;
vor dem beugte ich mich ehrfürchtig,
zum letzten Mal
in der Welt der Menschen.

Die Sonne, die ich sah,
sie strahlte so,
dass ich meinte, nichts zu fassen,
aber Gylvs Ströme brüllten
auf der anderen Seite,
vermischt mit Blut.

Eine andere Reise in die Unterwelt finden wir in der altnordischen Übersetzung des Nikodemus-Evangeliums, eines apokryphen Evangeliums, das in seiner altnordischen Sprachform den Teufel »Midgardschlange« nennt. Und Christus, »der König über Könige und Herr über Herren«, war »leuchtender als die Sonne«, als er ins Reich des Todes reiste, um die guten Menschen und die Propheten seit Adam zu erlösen.

Die Bewohner des Nordens feiern das Mysterium mitten im Winter, wenn das Leben am schwächsten und das Todes- und Wiedergeburtsmysterium am deutlichsten ist. Und während der Priester im Traumlied von der Kanzel die Tradition der Mittelmeerländer am Tag der Heiligen drei Könige erzählt, hat Olav das nordische Initiationsmysterium im Licht der gleichen Traditionen erlebt – und er erzählt sie an der Kirchentür mit neu gewonnener geistiger Stärke.

»Komm ich an die Gjallarbrück, die hängt gar hoch im Winde ...«

Sigurd Telnes

»Der Mond scheint helle ...«

Eine Spurensuche in der Gegend, wo das Traumlied zu Hause ist

Wenn man versucht, Spuren und Pfaden auf der Suche nach in Vergessenheit geratenen Versen des Traumlieds zu folgen, muss man auf den Hall und Widerhall achten, auf die Gegend und die Wesensart des Menschen. – Mit dem Wind ziehen die Töne in den Bergen. Träume und Tiere, Menschen und Worte folgen ihnen. Fische hinterlassen keine Spuren, doch Rentiere spalten ihre Hufe und werfen ihre Geweihe ab. Adler setzen mit scharfen Flügelspitzen ihre Zeichen in Dunst und Wolken, Schlangen zischeln in Heidekraut und Moos. Worte und Töne begleiten den Menschen. Es gurgelt im Wasser und hallt in den Bergen wider. Das Schöpferwerk verewigt sich selbst mit seinen Runen, während die Sonne ihre Wärme schenkt und der Mond Wache hält. Die Menschen bewahren ihre Erinnerungen. Viele große und kleine Anhäufungen, die einander Gesellschaft leisten. Sie überdauern die Jahrhunderte und lassen Überlieferungen in sich wohnen.

Einstmals waren es die Kirchen, die das Zeichen des Kreuzes in die Höhe trugen. Sie stehen da zwischen den Bergen mit einem dumpfen Klang von Worten, einer Reihe von Symbolen und einem Bausch von Tönen. Worte, Töne und Bilder des Traumlieds hängen wie ein durchsichtiges Spinnennetz in der Natur und Kultur, auf Kirchengrund, auf alten Höfen und überwucherten Almwiesen. – In der West-Telemark hat sich das Lied in den abgelegenen Siedlungen und in absonderlichen Köpfen bewahrt. Es hat auf merkwürdige Art und Weise seinen Platz in Namensgebungen und im Gedankengut behauptet. Das mag erstaunen und zum Nachdenken anregen. Und es sollte erlaubt sein, einige besondere Eigenarten der heimatlichen Gegend hervorzuheben, und dabei zu fragen, ob sie mit dazu beigetragen haben, Gedanken, Texte und Töne aus dem Traumlied lebendig zu erhalten.

Im Umkreis der *Olavskirche* auf Vallarhaugen

In dem kleinen Gebirgsort Seljord standen in früherer, katholischer Zeit zwei Steinkirchen nebeneinander, und zwar auf der Anhöhe, die Vallarhaugen genannt wird, am oberen Ende des Seljordsees. Dahinter verbirgt sich ein religiöses, soziales und ökonomisches Rätsel. Aus zuverlässiger Quelle ist außerdem bekannt, dass hier einstmals auch drei kleinere Stabkirchen gestanden haben, und zwar nur wenige Kilometer von den Steinkirchen entfernt, sodass sich das Läuten der Glocken miteinander vermischte. Das macht die Lösung des Rätsels nicht eben einfacher.

In einem Umkreis von zehn Kilometern lagen sogar noch drei weitere kleine Kapellen. Alle diese Kirchen trugen Eigennamen, und von einer ist bekannt, dass sie dem Heiligen Lauritz geweiht war. Sie stand auf dem Hof Kovadølen und wird im Visitationsprotokoll des Bischofs Jens Nilssøn aus dem Jahr 1595 erwähnt. Das Holzmaterial dieser Stabkirche wurde beim Bau des Vorraums der Kirche von Seljord, die auch heute noch steht, wieder verwendet. Die sieben anderen genannten Kirchen sind verschwunden, und nur die eine Steinkirche auf dem Vallarhaugen, dem Heiligen Olav geweiht, steht noch da und kann benutzt werden.

Die zweite Steinkirche auf dem Vallarhaugen stand zwanzig Schritte von der Olavskirche entfernt und war dem Ortsheiligen Tarald geweiht. Über den Ortsheiligen Tarald sind bis heute nur wenige historisch aussagekräftige Tatsachen bekannt. Die Traditionen, die fortgelebt haben, sind undurchsichtig und abenteuerlich. Daraus lässt sich erahnen, dass Tarald in frühchristlicher Zeit gelebt hat. Für alles Weitere müssen wir den Gedanken mit Spürsinn eine Richtung vorgeben.

Wir wissen, dass Dag Eilivson ein mächtiger Lehnsmann war, der über den großen Hof Bratsberg bei Skien Verfügungsgewalt hatte. Er war mit Ragnhild verheiratet, der Tochter von Skofte Agmundson auf

Giske. Sowohl der Vater als auch die Tochter waren von dem Licht und der Kraft überzeugt, die von der Lehre Christi ausgingen. Außerdem wird von Skofte erzählt, dass er der erste Norweger war, der sich an dem Kreuzzug nach Jerusalem im Jahr 1103 beteiligt hat. Die Entfernung zwischen Skien und Seljord ist nicht groß, sodass es nahe liegt, Tarald als einen von Dags Mitstreitern anzusehen. Es ist gut möglich, dass er mit Skofte Agmundson oder Dag Eilivson auf dem Kreuzzug unterwegs war, wodurch er sich geistige Kraft, Ansehen und Reichtum verschaffen konnte.

Es ist weiterhin bekannt, dass es Dag Eilivson war, der die Kryptakirche auf dem Kapitelberg bei Skien errichten ließ und das Kloster zu Gimsø gründete. Das Kloster zwischen den Wasserfällen hatte Einflussgewalt auf die Eigentümer in der oberen Telemark. Groß-Garvik auf der westwärts gelegenen Seite des Seljordsees war im Besitz des Klosters und große Landflächen in der bergigen Umgebung von Seljord sowie das Brokegebirge. Dabei handelt es sich genau um die Gegend, in der die Klang- und Gedankenwelt des Traumlieds verwurzelt ist. Es wird auch angenommen, dass eine zum Hof gehörende Kirche oder Kapelle auf Garvik gestanden hat.

Man hat seit langem gewusst, wo der Standort der Taraldkirche war. Küster aus vergangener, aber auch jüngster Zeit haben über Funde von gekalkten Mauerresten berichtet, die zutage traten, wenn Gräber ausgehoben wurden. Es gibt auch eine steinerne Bodenplatte zwei Meter unterhalb der Erde, was als Hinweis darauf gedeutet werden kann, dass die Taraldskirche eine Krypta gehabt hat wie die Kirche auf dem Kapitelberg. Das bestärkt uns in der Annahme einer engen Zusammenarbeit zwischen den Besitzern von Bratsberg, Gimsø Kloster und Seljord.

So begegneten sich einst die vielen Klänge und Worte in den Kirchen, auf dem Kirchenhügel und entlang der Wege, die zur Messe und zurück führen. Neue Gedanken, Zweifel und Glauben – doch mitten aus diesem Strom von Neuem erwuchs das Traumlied. Es kam nicht nur zu einem Kampf zwischen altem und neuem Glauben, sondern auch zwischen Lebensweise und Deutung der christlichen Lehre. Der volkstümliche christliche Glauben hatte Elemente vorchristlicher Denkmuster in sich aufgenommen; einige davon finden wir im Traumlied, das später auf Betreiben von Bischöfen und Priestern in Vergessenheit geriet. Doch die Bevölkerung in den abgelegenen Siedlungen war daran gewöhnt, über sich selbst zu verfügen, seine Anführer zu wählen und seine kleinen Gotteshäuser zu bauen. Auf diese Weise konnte Tarald zum Ortsheiligen werden und seine Kirchen und die Kapellen auf den Höfen konnten dem Traumlied und dem volkstümlichen christlichen Glauben vielleicht Raum bieten. Was kam im Gefolge Taralds und der Kirche, die seinen Namen trug? War er es, der mit Klängen und Tönen gekommen war, die nun Widerhall in den Bergen, den Kirchenräumen und den menschlichen Gemütern hervorriefen?

Zu welcher Zeit und wie das Traumlied in diesem Strom von Neuem einen Entfaltungsraum fand und Wurzel fassen konnte, ist eine schwierige Frage. Es ist viel Zeit und Kraft darauf verwendet worden, Verse, Quellen und Zeitangaben aufzuspüren, doch kaum ein anderes literarisches Werk ist so umstritten wie das Traumlied: Vom Autor ist nichts bekannt, es gibt keine vollständige Niederschrift, die Reihenfolge der verschiedenen Abschnitte ist nicht eindeutig, ja selbst der Name der Hauptperson ist nicht gesichert.

Die Forscher nehmen an, dass das Gedicht jüngeren Datums als 1300 ist, und gehen davon aus, dass der Verfasser jene Vision gekannt hat, die unter den Marienlegenden zu finden ist, die König Håkon Magnusson ins Norwegische übersetzen ließ. Dort finden wir die Erzählung von dem Mönch Gundelius, der durch die Lüfte bis zum Himmel getragen wird. Dort sah er eine kleine Kirche, in der eine Menschenschar saß und mitten unter ihnen die »Mutter der Barmherzigkeit« oder »der Barmherzigkeit Mutter«.

Im Traumlied kommt Olav Åsteson zur »broksvalin«, einer Art Verbindung zwischen Himmel und Erde. Das Wort kann als »Wolkensaal« (auch Wolken-Vorhof) gedeutet werden. Dort steht die Pilgerkirche und Olav erkennt »sie, meine gute Mutter mit rotem Gold in den Händen«.

Für die Gelehrten ist damit eine Verwandtschaft zwischen Gundelius und Olav belegt. Doch es ist wohl auch denkbar, dass der Dichter des Traumlieds keine Veranlassung hatte, sich von Legendenbüchern inspirieren zu lassen. Es wird so oft auch auf andere ausländische Einflüsse im Traumlied hingewiesen – dagegen geht mein Interesse mehr dahin, nach einheimischen, norwegischen Verläufen in diesem bunten Gewebe Ausschau zu halten. Zwar wissen wir nicht viel über dieses eigenartige Lied, doch so viel steht fest: Ein guter Teil davon liegt in den niedrigen Behausungen abseits gelegener Siedlungen aufbewahrt.

Der Dichter des Traumlieds hatte die Fähigkeit, sich des Wortes zu bedienen und die Erlebnisse mit deutlichen und klaren Linien darzustellen, sodass die Menschen die Botschaft aufnehmen konnten. Der Gebrauch der Bilder ist einfach und erinnert an das Edda-Epos. Am ergreifendsten sind die Seligpreisungen, in denen alle Verse mit »selig, der« ansetzen und dann vornehmlich von denjenigen handeln, die den Armen helfen. Man bekommt den Eindruck, dass es nicht allen gegönnt ist, mit eigenen Augen das zu sehen, was Olav Åsteson geschaut hat. Er kann eine Mysterienschulung erfahren haben und im Bewusstsein der bestandenen Prüfungen äußert er:

> Wer meiner Fußspur folgen will,
> lacht nicht aus frohem Munde.

Hoffnung und Angst, Himmel und Hölle umfasst der spannungsreiche Bogen des Traumlieds. Ein harter Kampf vollzieht sich zwischen dem Erzengel Michael und Grutte Graubart, mit Bildern und Stimmungen, die unser Bewusstsein tief ergreifen. Hier wird das Mittelalter im engeren Sinne geschildert, mit seiner Vorstellung vom hochgewölbten Himmel und der schwarzen Hölle, der nackten Einsamkeit der Seele und Gottes erlösender Macht. Schon allein im Namen des Traumliedes klingt Posaunenschall und Glockenklang mit.

Auf den Spuren des Glockenklangs und verwitterter Heiligenbilder. Erinnerungen eines alten Mannes

Ein Mann musste von dem Hof wegziehen, auf dem er aufgewachsen war. Von diesem Hof hatte man Aussicht über die Ortschaft und die Kirche. Auf einem Felsvorsprung an einem steilen Berghang oberhalb des Hofes hatte er Jahr für Jahr am Weihnachtsabend gestanden und gelauscht. Es konnte geschehen, dass der Klang der alten Kirchenglocken den Felsvorsprung erreichte. Das Omen dieses Klanges rief eine unfassbare Freude in ihm hervor und tat ihm so gut. Er wurde zum Grundklang für das ganze Weihnachtsevangelium und trug es mit hinein in die heimatlichen Wälder, die Strände entlang, hinauf in die Wolken, über Häuserdächer und reifgeschmückte Bäume auf den Höfen.

Dieser Mann ertrug es in der Fremde nicht und suchte wieder Zuflucht in der vertrauten Gegend und damit in den lang gehegten Erinnerungen und Traditionen. Eine lange Reise war es, die ihn zurück zur ergrauten Siedlung und dem verlassenen Hof führte. Er fühlte sich winzig zwischen den großen Bäumen und unsicher auf den gewaltigen Abhängen. Die großen Kiefern neben dem überwucherten Weg ließen Erinnerungen wieder lebendig werden. In den Jahren seiner Kindheit hatte er von Menschen gehört, die über die Hänge gingen und dabei Bilder aufspürten, die einst in die Rinde der Kiefernstämme geritzt worden waren. Dort sprachen sie Gebete und sangen Strophen aus dem Traumlied. Auch er hatte einmal ein solches Antlitz gesehen. Verwachsen mit der Baumrinde, erschien es wie ein geheimnisvoller Ruf aus dem Baumstamm. Der Großvater war es gewesen, der ihn einst am Gedenkdank des Heiligen Olav mit auf die Berghöhe genommen hatte. Zuvor waren sie einen ganzen Tag lang durch kühle und schattige Täler gepilgert, über Höhenzüge hinweg mit steil abfallenden Hängen, die den Blick freigaben über Wälder und glitzernde Seen. Der Wind säuselte in den Zweigen und im Gras, und der Blick wurde in die Unendlichkeit entrückt. Noch bevor die Sonne aufging, wurde er das verwachsene Gesicht in der Kiefernrinde gewahr. Der Großvater bekreuzigte sich, sprach ein Stoßgebet und sang mehrere Strophen aus dem Traumlied. Das Rauschen des Waldes und der Gesang prägten sich ihm für immer ein.

»Und von Süden kam ein Zug, nahte mit sanftem Schritt ...«

»Nun von Norden naht' ein Zug in scharfem Trabe fürwahr ...«

Ganz in der Nähe des Baumes mit dem verwachsenen Gesicht bildete ein Felsvorsprung eine Art Dach. Dort lag Kohle auf dem Felsboden und es gab eine Mauer, die vor seitlichem Wind und Regen schützte. Offensichtlich waren da schon Menschen gewesen.

Am Feuer unter der rußgeschwärzten Bergwand erzählte der Großvater von einer vergangenen Zeit, in der es niemandem erlaubt war, die Heiligenbilder zu verehren. Der heilige Olav und Maria, die »Mutter der Barmherzigkeit«, wie er sich auszudrücken pflegte, wurden aus den Kirchen entfernt und niemand durfte Figuren von Heiligen zu Hause aufbewahren. So kam es, dass die Bilder stattdessen in Baumstämmen verewigt wurden, und manche nahmen lange Wanderungen auf sich, damit sie nach altvertrauter, zuvor in den Kirchen praktizierter Sitte betend und singend Andacht halten konnten.

Früher begaben sich viele auf den Weg hierher, nun waren es nur noch wenige, die diese Stelle kannten. Das Antlitz im Baum war so stark überwachsen und verwittert, dass es nur schwer zu entdecken war. Der Großvater erzählte auch von dem Gerücht, dass Mörder sich in dieser Felshöhle versteckt gehalten hätten. Vielleicht hatten auch sie das Traumlied gesungen und ihre Sünden beweint.

Die Feuerfunken verschwanden in der Dunkelheit. Es roch nach Rauch und über die Berge erklang aus weiter Ferne ein seltsamer Laut. »Das ist der Uhu, der ruft«, sagte der Großvater. Diese Erinnerung trug der Mann mit durch sein Leben.

In der Dämmerung ging er durch die Siedlung, in der alle Fenster dunkel waren. Hoch oben am Berg lag sein heimatlicher Hof. Die Stille hieß ihn willkommen, der Wind spielte mit einem lockeren Verschalungsbrett. Das Geräusch rief in Vergessenheit geratene Erinnerungen wach. Früher war die leere Stube am Weihnachtsabend mit Zweigen und Wacholder geschmückt gewesen. Es loderte in der Feuerstelle und umgeben von Einsamkeit saß der Mann in seine Weihnachtserinnerungen versunken, tief bewegt da.

Er stapfte durch den Schnee, der ihm bis zu den Knien reichte, und kam zu dem Felsvorsprung am »Glockenklangberg«. Die Aussicht über das Tal war ihm wohlvertraut und von Herzen lieb. Den Windhauch empfand er wie eine Liebkosung entschwundener Jahre. An dieser Stelle hatten die Menschen vieler Generationen gestanden in Erwartung des Lichts, das mit dem Weihnachtsfest kam. So hatte man es ihm erzählt, und er glaubte daran. Er wartete und lauschte, während die Dunkelheit sich verdichtete und die Sterne zu leuchten anfingen. Alsbald kam der Wind wie ein Bote des herannahenden Festes, einem Klingeln vom Berg her gleich, das den Ohren wie Gesang war. Er saß da und blätterte im Buch der Erinnerung.

Die Alten hatten erzählt, dass man vom Gipfel des »Glockenklangberges« die Glocken dreier unterschiedlicher Kirchengemeinden hören konnte. Zu ganz früher Zeit hatten sich zusätzlich die Glocken der kleinen Kapellen mit in den Klang gemischt. Dort wurde das Traumlied sowohl zur Weihnachtszeit, zu Johanni und auch sonst manchmal zu nächtlicher Stunde gesungen. Später hatte man das als Sünde verurteilt. Wenn überhaupt, so musste das Singen des Traumlieds heimlich erfolgen. Denjenigen, die es pflegten, wurde mit »Åsgårdsreien«, der »wilden Jagd« gedroht – dem Volksglauben nach ein gespenstisches Totenheer, das besonders in den zwölf Heiligen Nächten durch die Lüfte braust. – Deutsche Bergleute ergriffen Besitz von der Taralds-Kirche und verspotteten den Glauben der Bauern. Die hofeigenen Kirchen blieben wie zahnlose Münder stehen und die Taralds-Kirche wurde niedergebrannt. Es war die Zeit, als der Bauernaufstand die Siedlungen der Gegend in Unruhe versetzte. Da war es hilfreich, Höhlen an den steilen Felswänden und in abgelegenen Tälern zu kennen. Und es war eine Quelle des Trostes, von dem verwachsenen Gesicht an dem großen Baum zu wissen: Text und Töne des Traumlieds bargen eine geheimnisvolle Gnade in sich.

Es waren die Einsamen, die Ältesten und Ärmsten, die das Traumlied wie einen Schatz von Hof zu Hof brachten. Der alte Mann wusste sogar von einem Kräuterweiblein, das sich mit Bettelsack und Krückstock über den Waldpfad vorangequält hatte, um von einer entlegenen Siedlung zur anderen zu kommen. Er hatte sie lebendig vor Augen an diesem Weihnachtsabend, an dem er einsam dasaß. Sie kam aus dem Svaringsberg hervor und rief dort, wie sie es immer zu tun pflegte. Die raue Stimme hallte laut. Immer und immer wieder blieb sie stehen, um auszuruhen. Der Atem brannte in der Kehle. Es gruselte ihr, über die Planken im Moor zu gehen. Es war glitschig und patschnass. Während der ganzen Zeit murmelte sie Verse aus dem »Alten Lied«. Das Rauschen des Waldes brachte Bewegung in die Erinnerung. Über das auf Planken begehbare Moor flogen ganz niedrig drei Kolkraben. Das gefiel der Alten überhaupt nicht und sie folgte ihnen mit erloschenem Blick. Erstarrt und grau kam das Gesicht zum Vorschein. Einem Schatten gleich betrat sie den Hof, doch weder ein »Teufel« noch die Pest waren es, die Einzug hielten: Es war das Traumlied selbst.

Kein Willkommensgruß kam ihr entgegen. Die Lumpen hingen an ihr herunter, der Bettelsack lag leer vor ihren Füßen auf dem Boden. Gestank und Läuse umgaben sie. Nass und fröstelnd setzte sie sich an das Ofenfeuer. Das alte Kräuterweiblein fing an zu singen. Die Verse und Töne trugen den Klang von Alter, Geheimnis und Wehmut in sich. Alle in der Stube lauschten. Dann gab es warmen Brei und frische Milch. Die Hoffnung der Alten wuchs. Vielleicht würde man sie drinnen schlafen lassen, wenn sie noch länger sang. Sie richtete sich auf, saß da mit einer Breischüssel im Schoß und sang Strophen aus dem Traumlied. Viele Strophen mit seltsamen Worten und dem ernsten Refrain:

> Selig, wer im Geborensein
> dem Armen spendet Brot –
> auf der hohen Gjallarbrück
> der Hund ihm nimmer droht.
>> Zungen reden –
>> doch Wahrheit spricht beim Weltgericht.

Die Verse und die Töne hallten in der Stube nach. Die Alte bedankte sich für den Brei und gelobte den Gastgebern Lohn in der Sterbestunde. Sowohl Gebet als auch eine Botschaft klang mit in dem Gesang und in dem, was sie sagte. Die Bauersleute wechselten einige Worte miteinander, und es war die Magd, die die Sängerin in den Schafstall begleiten musste. Das Mädchen machte alles so gut, wie es ihm möglich war, fand Stroh und sogar eine Pferdedecke gegen die nächtliche Kühle. Es war ein dunkler Abend. Am darauf folgenden Morgen fand die Magd die Sängerin tot im Schafstall.

Noch Jahrzehnte später erzählte man sich von diesem Ereignis und in der Erinnerung des einsamen Mannes lebte es jetzt wieder auf. Er lag auf einem Bett aus Tannenreisig auf dem nackten Boden, umgeben von dem Duft der Zweige und beim Schein des Ofenfeuers. Man hatte die Frau mit Maria verglichen, die auch Unterschlupf in einem Stall gefunden hatte, ungeachtet der himmlischen Verheißung, die sie unter ihrem Herzen trug. In dem Brausen des Windes draußen vor der Tür hörte er Pferde stampfen und Esel schreien. Weiter weg hüteten die Hirten ihre Schafe, und der Lobgesang der Engel erschallte über wohlbekannte Hügel und Berge, während Funken des Ofenfeuers das »Ehre sei Gott« versprühten, hinaus in die Dunkelheit über den Häuserdächern. Der Wind trug Laute heran, die an einen Kamelritt erinnerten: Das mussten die drei Weisen sein, die einen anderen Weg zurück in ihr Heimatland wählten.

Der Mann auf dem Reisigbett erkannte einen Zusammenhang in all dem, was er wahrnahm. Er spürte, wie richtig es war, hier an Heilig-abend auf dem Fußboden zu liegen, genau so, wie es zu alter Zeit üblich gewesen und wie es ihm in seiner Kindheit vermittelt worden war. An diesem Abend sollten die verstorbenen Angehörigen freie Plätze am Tisch vorfinden, auf Bänken und Betten. Die uralte Überlieferung, die von der Begegnung mit der Unterwelt erzählte, füllte sich mit Sinn. Die Alten hatten die Ausdrucksweise »Fuß um Fuß, Huf um Huf und Klaue um Klaue« dafür. Er richtete sich an der Wand auf und sang mit laut tönender Stimme alle Strophen des Traumliedes, die er kannte. Sie begannen mit der Seligpreisung und mündeten in den Refrain: »Zungen reden – doch Wahrheit spricht beim Weltgericht«.

Beim Singen erinnerte er sich an jenen Alten und Hilflosen, der Anrecht auf Verpflegung und Unterkunft auf einigen dafür bestimmten Höfen in der Umgebung hatte. Er sang das Traumlied dort, wo er selber saß, am Ofenfeuer, erzählte man sich. Er sang viele Strophen als eine Art Abschiedsgesang, bevor er auf einen langen Schlitten getragen wurde, der auf dem Hofgelände bereit stand. Der Schnee war überfroren und glitschig, und es war äußerst beschwerlich, auf den steil abfallenden Hängen hinunter zum Hof an der Küste zu gelangen. Der Weg ging stellenweise nahe am Abgrund und die Schlittenfahrt war ein gefährliches Unterfangen. Doch für den Alten mit dem Traumlied und den alten Geschichten war die Zeit auf dem Hof um, und der Schlitten fuhr davon. An der steilsten Stelle fiel einer der Kerle, die ihn zogen, hin und meinte, das sei, als ginge man über die Gjallarbrücke. »Diese ist es, die überquert werden muss, wenn Zungen reden und die Wahrheit am Tag des Gerichts antwortet«, erwiderte eine Stimme vom Schlitten her. Wenig später glitt der Schlitten mit dem Hilflosen am Felsenabgrund ab. Kein Schrei war zu hören, doch ein Seufzen fuhr durch den Wald. »So ist der Lebenskampf dieses Armen überstanden«, sagte einer der Kerle, die rund um den Toten standen, als sie ihn auf dem zerbrochenen Schlitten tief unten in der Kluft fanden. »Und wir sind diese schwere Bürde los«, erwiderte ein anderer. »Das Traumlied wird weiterleben«, sagte ein dritter. Das Gurgeln des Baches war wie ein Grablied, das die Männer begleitete.

Der Einsame blickte um sich und starrte in die leere Stube. Vielleicht hatte einer dieser Kerle die Angewohnheit, zu bestimmten Zeiten in diesen Tälern herumzustreunen, in denen es rumpelt und poltert und Geröll aus großen Felsbrocken herumliegt. – Rauch stieg von den Steinplatten auf, der Wind trieb sein Spiel damit und trug den Gesang und die Strophen des Traumlieds in die Unendlichkeit hinein.

Waren es eben solche Voraussetzungen, die das Traumlied und seine Sänger brauchten? Vieles deutet darauf hin.

Das Lied wurde als ein Schatz empfunden und barg eine geheimnisvolle Kraft. Diejenigen, die viele Strophen auswendig konnten, bewahrten sie sorgfältig in ihrem Sinn. Es war von Lebensnähe und Alltäglichkeit geprägt, die es wiederum eng mit erschauten Bildern übersinnlicher Regionen verband.

Das Lied wurde wahrscheinlich von alters her zu ganz bestimmten Zeiten und Anlässen gesungen, doch es gibt wenig Traditionen, die eindeutig Auskunft darüber geben könnten. Vielleicht wurde es zur Weihnachtszeit vorgetragen. Da war es üblich, die Häusler, die Armen und Einsamen »ins Warme« kommen zu lassen. Zu dem Anlass empfahl es sich, das sonst »versteckte, ererbte Silber« hervorzuholen, wie das

»Groß stand da Sankt Michael und wog auf seiner Waage ...«

Traumlied genannt wurde. Der Weihnachtsabend und der Dreikönigs-tag (6. Januar) bilden den äußeren Rahmen für das Geschehen des Traumlieds. So ist es durchaus denkbar, dass es genau in dieser Zeit gesungen wurde. Zu wichtigen Ereignissen im Lebenslauf wie Hochzeit und Beerdigung wurde das Vortragen des Traumlieds wohl auch als angebracht angesehen. Ein Pfarrer wusste zu berichten, dass er bei ei-ner Beerdigung in der West-Telemark erlebt hatte, wie der Sarg auf den Treppenabsatz der Kirche gestellt wurde, während einige Strophen aus dem Traumlied vorgetragen wurden. Das liegt noch nicht lange zurück, sondern geschah in den 30er Jahren des 20. Jahrhunderts. Weiter deu-tet einiges darauf hin, dass es eine Tradition gab, das Traumlied nach erfolgter Beerdigung bei der anschließenden Zusammenkunft zu Hau-se singen.

Auf den Spuren der alten und einsamen Sänger

Die Alten vom Hof, aber auch solche von außerhalb, die zu gebrechlich waren, um weiter zu arbeiten, lebten oft in Nebengelassen, die »ind-ster« (Innenstellen) genannt wurden. Die Alten und Verschrobenen zehrten von ihren Erinnerungen und fürchteten sich vor der Nacht und dem nächsten Tag. Die Dämmerung und die Winternächte zogen sich hin und die Alten hatten Zeit, Texte zu sprechen und Strophe für Stro-phe vorzutragen. Töne wurden dazu gesummt und Geisterwesen lauschten ihnen. Die Alten hatten ihre Gewohnheiten und ihren eige-nen Tagesrhythmus. Morgens und abends war es üblich, die Stimme ertönen zu lassen. Dann versuchten sie, sich nützlich zu machen. Sie spalteten Brennholz und trugen es herein, harkten und fegten auf dem Hofgelände und den Stallgängen, stellten Scheuerlappen und Besen aus Reisig her oder schnürten Stroh in engen Scheunen. Einige aber waren so schwach, dass sie zu nichts mehr imstande waren, als das Feuer im Ofen, wo die Kessel hingen, am Brennen zu halten.

Das Gedächtnis musste gepflegt und die Stimme rein gehalten wer-den. Daher kochten sie ihre eigenen Gebräue aus Baumharz, Borke und verschiedensten Kräutern. Die Dämpfe quollen aus den Räumen wie Weihrauch aus der Krypta. Diese Menschen waren von etwas Geheimnisvollem umwittert und auch ihre Aufenthaltsorte waren es. Es war, als ob sie einer anderen Zeit angehörten, einer Zeit, die reich an Gesang und Erzählgut war. Ratschläge hatten sie für fast jedermann, eine besondere Zuneigung hegten sie aber zu Kindern – und die wurde erwidert. So bewährten sie sich als Kindermädchen. Die Kinder waren mit dabei, wenn Beeren und Kräuter gesammelt wurden. Dabei brachten die Alten ihnen die Namen von Pflanzen und bestimmten Stellen in der Gegend bei, sangen ihnen Lieder und erzählten Märchen. So schlurften sie zwischen den niedrigen Häusern umher oder saßen still da und starrten in die kalten Kämmerchen. Sie erinnerten sich an einzelne Gewitter, zu denen jene Verse aus dem Traumlied passten, die den Jüngsten Tag beschworen. Sie erinnerten sich an Begegnungen mit Rinderherden auf der Futtersuche, mit Hunden, die herumstöberten, mit Schlangen, die zischelten, und Stuten, die miteinander stritten. Die Verse des Traumlieds waren voller Bilder des täglichen Lebens und der nahen Natur. Es fiel leicht, die gepeinigten Seelen vor dem inneren Auge zu sehen, Seelen, die wie Espenlaub zitterten, angerührt von der Begegnung mit dem Erzengel Michael, und wie die Sünden durch das Schleppen von glühender Erde und bleiernen Umhängen bestraft wurden. Das Sichtbare ging Hand in Hand mit dem Unsichtbaren und erschien rätsel- und geheimnisvoll. Tief im Bewusstsein war durch den Text und die Töne des Traumlieds die Stimme der Moral zu vernehmen, aber auch eine Ahnung von Gnade.

Als das Sammlerinteresse am Beginn des 19. Jahrhunderts erwachte, standen diejenigen, die etwas über Volkslieder und deren Sänger erfahren wollten, vor einer schwierigen Aufgabe. Die Worte und Klänge des Volksguts unterschieden sich von jenen der Städte, und damit stand das Problem des Klassenunterschieds wie eine Mauer zwischen Sänger und Sammler. Olea Crøger und M. B. Landstad hatten den Vorzug, dass sie zumindest bis zu einem gewissen Grad mit den ländlichen Bedingungen und mit der dort üblichen Sprechweise umzugehen verstanden. Doch beide entstammten Pfarrersfamilien und gehörten somit der gebildeten Schicht an. Was sie nur mit den Liedertexten und den Melodien anfangen wollten? Ein tief verwurzeltes Misstrauen allen Fremden gegenüber war in den Bauernsiedlungen der Telemark spürbar. Die Sammler mussten mit aller Vorsicht an die Sache herangehen und aufmerksam zuhören. Über den Beginn der Sammelarbeit hielt Landstad fest: »Schon im Jahr 1840 oder 41 hatten Frl. Cröger und ich, jeder für sich begonnen, Lieder in der unter dem Volk üblichen Sprache zu sammeln.« Es entwickelte sich eine wichtige Zusammenarbeit und beide errangen allmählich das Zutrauen der Sänger, von denen es nicht viele gab. Ein fester Glaube an den großen Wert der Lieder und Sagen begleitete ihre mühsame Forschungsarbeit. Landstad schrieb im Jahr 1853, als er die *Norwegischen Volkslieder* herausgab: »Die Poesie und die Musik der Bauern der Telemark steht als eine eigentümliche und selbstständige Produktion da, im Einklang mit der sie umgebenden Bergwelt, deren tiefe Wehmut in ihr anklingt, und deren Größe, Rätsel und Schrecken sich in ihr widerspiegelt.« Dieses umfassende und vielseitige Material an Heldenliedern, Ritterliedern und Schwänken musste untersucht und geordnet werden. Und in der Fülle an Material das Traumlied, das Glauben, Tradition und mystische Gedankengänge miteinander verwebt. Landstad hat viel über diese alte, rätselhafte Dichtung geschrieben: »Dieses Lied, dessen Alter ohne Zweifel bis in die ersten Jahrhunderte nach der Christianisierung des Nordens zurückreicht, ist nicht nur an sich schon merkwürdig – es erscheint undurchschaubar und verworren – es ist auch ein Zeugnis der Gnade, als welche das Christentum von unseren Vorvätern aufgefasst wurde.« Er hebt hervor: »Das Traumlied war sehr beliebt und Allgemeingut in der Oberen Telemark und fast jeder hatte schon einmal davon gehört oder kannte einige Verse daraus.« Diejenigen, die viele Strophen kannten, wurden den Sammlern zu lebendigen Quellen, aus denen sie schöpfen konnten. Einige Sängernamen sind überliefert und einiges aus ihren Lebensgeschichten; ihnen wollen wir uns nun zuwenden.

Anne Golid kam von den Höhen rund um Seljord und war auf Sønsttveiten in den 70er Jahren des 18. Jahrhunderts zur Welt gekommen. Sie erzählte, dass sie dem Familiengeschlecht des Olaf Garvik angehöre, des »Totschlägers«, wie er nach dem Begehen eines Mordes auf Øverland im Jahr 1684 genannt wurde. Ob Anne Golid es als Ehre oder Schande empfand, einen Mörder in ihrer Verwandtschaft zu haben? Vielleicht wollte sie auch in dieser Hinsicht nur die Wahrheit sagen – eine wichtige Eigenschaft für einen Sänger oder Erzähler. – Jedenfalls saß der bekannte Künstler Henrik Sørensen einmal in lustiger Runde mit mehreren Leuten aus der westlichen Telemark zusammen. Er sah sich in der Gesellschaft um und stellte fest: »Hier sitzen brave Telemarkinger, zuverlässige und treue Leute, doch sie wissen ganz genau, dass sie ein, zwei, ja drei Mörder in ihrer Verwandtschaft vorzuweisen haben.« Anne Golid war also keine Ausnahme.

Anne Golid verfügte über ein außerordentlich gutes Gedächtnis. Auf eine solche Begabung war M. B. Landstad bis dahin nicht gestoßen. Sie berichtete dem Pfarrer von einem gewissen Gaze Sandland aus Brunkeberg, der in einem Pergamentbrief erwähnt wurde, der einmal vorgelesen wurde, als sie zuhörte. Sie erinnerte sich an den Wortlaut und machte diesen dreißig Jahre später für die Ohren des Pfarrers wieder lebendig:

»Es war im siebten Jahrhundert zur Zeit von König Eirik, dem Herrn über Dänemark, Norwegen und Schweden. Da geschah es an einem heiligen Sonntag zur Morgenstunde, dass Holger Sandland Frau und Kinder schlagen wollte … darüber kam Gaze Sandland herein, ganz in Eile und mit der Axt in der Hand: Er erschlug Holger in Svangane und dieser erlitt den Tod.« Landstad erläuterte: »Wir hatten Gelegenheit in Erfahrung zu bringen, dass das Erinnerungsvermögen der alten Anne Golid völlig zuverlässig in Bezug auf solches Erzählgut ist, und wir hegen keinen Zweifel daran, dass ihre Erzählung hauptsächlich richtig ist. Wir können daraus entnehmen, dass Gaze Sandland im Jahr 1419 lebte.«

Anne war keine ausgesuchte Schönheit. Durch Richard Berge ist überliefert: »Die Anne Golid aufzusuchen, wählten nicht viele Freier. Sie war keine von den ansehnlichsten Mädchen. Ja, es tut weh, es so ausdrücken zu müssen, doch sie war eines der hässlichsten Geschöpfe, das einem zu Gesicht kommen konnte. Eine riesige Nase hatte sie, die Lippen gespalten, und sie war grob gebaut und vollkommen unansehnlich. Die Haare glichen den Borsten eines Schweins. Es war ganz schwarz und den Scheitel entlang stand es wie ein Zaun, der einer Mähne glich. Später schnitt sie das Haar ganz kurz, und wenn sie das Kopftuch zurück in den Nacken schob, so stand die Mähne wie ein Hahnenkamm aufrecht. Sie war klein und hatte scharfe Augen unter tiefdunklen Brauen. Im Alter ging sie ganz krumm und mit einem Stock in der Hand, doch in ihrer Jugend war sie keck gewesen.«

Obwohl Anne nicht mit Schönheit begnadet war, erfreute sie sich großer Beliebtheit bei allen, die sie kennenlernten. Sie beherrschte die Meisterschaft des Erzählens und hatte eine klare und glockenhelle Stimme. Die Kinder umschwärmten sie trotz ihres hässlichen Aussehens, denn die Sagen und Lieder hatten eine große Anziehungskraft. So war es nicht erstaunlich, dass die Sammler sich bis zur alten Häuslersfrau auf Golid durchfragten, um sie dazu zu bringen, für sie zu singen und zu erzählen. Olea Crøger, M. B. Landstad und Jørgen Moe sind die Bekanntesten unter denen, die das Gehörte zu Papier brachten.

Anne wurde mit Jørn Uppebøn verheiratet und hatte mit ihm zwei Kinder, darüber hinaus eine große Verwandtschaft in der heimatlichen Gegend. Dem zum Trotz bekam die alte Frau ihren Lebensunterhalt von der Armenkasse. Sie starb auf einem ihr fremden Hof auf Søndre Kvålsgard am 11. April 1863 und wurde auf einfachste Art und Weise bei der Kirche in Seljord begraben. Niemand kennt die genaue Grabstelle.

Eine andere für das Traumlied wichtige Quelle ist *Anne Lillegård* aus Lårdal. Sie war die Frau eines Häuslers und lebte von 1792 bis 1863, also im gleichen Zeitraum wie Anne Golid. Jørgen Moe war zum Ende der 40er Jahre des 19. Jahrhunderts auf einer seiner Sammlerreisen in der West-Telemark unterwegs und war bei dieser Gelegenheit bei einem Gastmahl in Eidsborg mit dabei. Anne Lillegård wurde dorthin geschickt und sang u.a. 22 Strophen aus dem Traumlied, welche Jørgen Moe gleich schriftlich festhielt. Er notierte Folgendes über die Sängerin: »Sie war in ihren Mitteilungen äußerst glaubwürdig und genau, korrigierte sich selbst rasch, sobald sie Fehler bemerkte und machte mit Sorgfalt auf alle Lücken und Varianten der Strophen und Verse aufmerksam, die ihr bekannt waren.« Auch Landstad schrieb Verse aus dem Traumlied nach Anne Lillejård nieder.

»In Broksvalin – dort, dem Richthof der Seelen.«

Maren Ramskeid entstammte demselben Umfeld wie Anne Golid. Sie kam auf Heggtveit im Jahre 1817 zur Welt, im Åsgrend, welches zu Kviteseid gehört. Der ganze Hofstand wechselte dann seinen Standort in Richtung des Häuslerplatzes Ramskeid, der auf der Grenze zwischen Kviteseid und Seljord liegt. Auf diese Weise wurde sie fast Nachbarin des »Crøger-Anwesens« auf Hegnin in Nordbygdi, und der Weg vom Pfarrhof in Seljord bis Ramskeid war auch nicht weit.

Maren Ramskeid ist eine von denjenigen, die viele Strophen aus dem Traumlied beherrschten. Landstad notierte insgesamt 30 Verse nach ihrem Vortrag. Sie brachte sie in einer guten Reihenfolge vor, mit übersichtlicher Unterteilung in Abschnitte. So wie das Lied aus ihrem Mund ertönte, bekam der Text Sinn und Gehalt. Landstad hielt außerdem fest: »Maren Ramskeid, etwa 30 Jahre alt, hat das Lied von ihrem etwa ein knappes Jahr zuvor verstorbenen Vater Olaf Gunleiksson gelernt, der im Alter von 77 das Zeitliche segnete. Der wiederum hatte es von seinem Vater übernommen und es im Laufe seines von Einsamkeit überschatteten Alters oft gesungen.« In diesem Fall verfügen wir über ein Beispiel dafür, dass ein Mann für das Weitervererben des Liedes Sorge trug. Ansonsten kann man den Eindruck gewinnen, dass die Frauen unter den Sängern in der Überzahl waren.

Von dem Hofgelände zu Ramskeid genießt man eine freie und gute Aussicht in Richtung Skorve, Mælefjell und Nordbygdi, doch hinter den Gebäuden des Hofes erhebt sich Skogsodd mit seinen Abhängen bis in die Wolken. Hier ist man mitten in der Landschaft des Traumliedes. Grutt Skorve breitet seine bedrohlichen Wolken über den Berggipfeln aus, wenn es regnet, und bei gutem Wetter glitzern die Messingkugeln auf den Hörnern der Huldra-Kuh Måreid hoch oben auf dem Mælefjell. Oben auf dem Skogsodd hängt bedrohlich eine Gebirgsnase vornüber da, und ein Hauch von Zeitlosigkeit und völliger Einsamkeit ruht über Trøllebotnen und geleitet den Blick von dem Wolkengebilde hinauf zu himmlischen Höhen über dem Brokefjell.

Hier wurden die Verse des Traumlieds unter den vorspringenden Felsabsätzen eingefangen und seine Melodien wurden gesummt, während die Sense in der reifen Gerste über die Ackerfurchen glitt. Früher verursachte die Arbeit so gut wie keinen Lärm. Maren bewegte sich zwischen den Schuppen und Hütten des kleinen Hofes hin und her und konnte den Uhu oben auf den Felsklippen rufen hören. Die schneebedeckten Gipfel blinkten hoch oben in der endlosen Ferne und der Mond glitt tief zwischen den Baumgipfeln. Ein bleiches Licht drang aus den Fenstern der Hütte. Da drinnen saß Olaf und sang, versunken in Einsamkeit und Alter, beim wärmenden Feuer des Ofens.

Maren heiratete und zog von Ramskeid nach Fossheim in Kviteseid. Im Jahr 1852 begab sie sich mit dem ganzen Hofstand auf den Weg nach Amerika, um sich dort anzusiedeln. Vielleicht war ihr das Traumlied das liebste Stück auf der Reise: Trost auf der gefährlichen Fahrt über das Meer und Nachgeschmack aus der Heimat im fremden Land. An trüben Abenden, wenn sie sich mit Tränen in den Augen nach der Heimat sehnte, suchte das Traumlied einen Widerhall in der Prärie, im weit entlegenen Westen. Das Lied verhallte und wurde mit dem Wind dem Sonnenuntergang entgegengetragen. Maren Ramskeid liegt in fremder Erde begraben, zusammen mit den vielen Geheimnissen, die das Traumlied in sich birgt.

Die Sammler, die im 19. Jahrhundert Großartiges leisteten, haben ihre Würdigungen in Büchern und ihre Gedenksteine mit voller Berechtigung erhalten. Den Sängern und denjenigen, die die Texte vortrugen, ist nur wenig Dank und nur blasse Ehrerweisung zuteil geworden. Es gibt noch weitere Namen, die zu erwähnen wären: Anne Skålen und Torbjørg Ripilen gehören hierher sowie Niels Sveningsen und Olaf Glosimot; doch viele sind auch namenlos und vergessen.

Natur und Umfeld hat die Menschen zu allen Zeiten geprägt und den poetischen Schaffensdrang genährt, ebenso die Sehnsucht nach allem, was Wohlklang hat, ganz so wie Landstad es anlässlich der Herausgabe des Buches *Norwegische Volkslieder* zu erklären versuchte. Die Ortschaften und Siedlungen, wo das Traumlied am allerlängsten lebendig erhalten wurde, liegen bis heute in unberührter Natur und weisen alte, urtümlich erhaltene Höfe auf. Vielleicht sind es diese Reste aus dem Zeitalter, aus dem das Traumlied stammt, die heutzutage wieder Interesse bei unterschiedlichen Künstlergruppen hervorrufen. Mit Farben, Formen und verschiedenen Materialien kann die Kunst sich dem Lied nähern und neue Einsichten darüber vermitteln sowie über den natürlichen Lebensraum der Sänger. So kann der verborgene Raum, von dem diese Visionsdichtung handelt, vielleicht sichtbar gemacht werden.

Man kann sich mit Recht wundern, dass eine so lange und komplexe Dichtung über Generationen hinweg durch den Volksmund tradiert werden konnte. Wahrscheinlich fanden die Sänger und ihre Zuhörer auf vielerlei Weise vertraute Motive aus ihrem eigenen Leben in den wundersamen Versen wieder. Dass das Traumlied mit seiner Vision und seiner Gedankenwelt halbwegs im Verborgenen vorgeführt werden musste, war vielleicht eine Stärke. Über die ungewöhnliche Wortwahl im Traumlied erschrak niemand. Eine befremdliche Sprache war für abgelegene Ortschaften nichts Neues. Es gab genügend Sagen von Pilgern, die zu längst vergangener Zeit Ufern und Wegen folgten, die zwischen den »Hütten der Seligen und Pilgerkirchen« auf dem Weg nach Nidaros lagen. Diese Pilger waren anders gekleidet und sprachen nicht mit der dort sesshaften Bevölkerung. Stattdessen beobachteten sie Sonne und Schatten, Sterne und Wolken. Dazu kam, dass die Messe in lateinischer Sprache gelesen wurde, die Priester Dänisch sprachen und die Amtsleute und Vögte fremdartige Worte und Ausdrücke verwendeten. In die Ortschaften der westlichen Telemark kam mit der Inbetriebnahme von Gruben viel Neues. Sie bewirkten einerseits, dass vieles unverständlich blieb und mit mystischen Schleiern umgeben wurde, doch zugleich auch, dass das Fremde auf Abstand gehalten und mit Misstrauen betrachtet wurde. Die angestammte Bevölkerung band sich umso fester an heimatlich vertraute Töne und Ausdrucksweisen, und dieses in Einklang mit ererbtem Glauben und Lebensformen. Erzählkunst, Sprechgesang, Spiel und Tanz prägten ihr Leben und verliehen ihm Farbigkeit – und mitten darin das Traumlied mit seiner visionären Kraft und seinem volkstümlich-christlichen Glauben. »Es war umgeben von der erhabenen Stimmung des Chorals, der Innigkeit der Psalmen, der Entrücktheit der Ekstase. Ab und zu war es wie ein erschütternder Schall der Kirchenglocken«, heißt es bei Moltke Moe. Das ist die Traumliedgegend, in der Olav Åsteson umherwanderte.

»Der Mond scheint helle, und weithin dehnen sich Wege ...«

Anmerkungen

1   Die Strophen mit den Seligpreisungen stehen bei Landstad gleich anschließend an den Bericht von der Gjallarbrücke und sind hier – übrigens wie in der am meisten verbreiteten Fassung des Traumlieds von Moltke Moe – ans Ende des Textes verschoben worden (Teil VII).

2   In vielen Überlieferungen auch Olav Åknison.

3   »Sternenstraß'« steht hier für das norwegische »vetterstig« (auch: »vettersti«, »vitrestig«), das den Forschern bis heute Rätsel aufgibt. Landstad führte »vetter« auf die Bedeutung »übernatürliche Wesen« zurück und las entsprechend »Götterweg«. Moltke Moe meinte – und unsere Übersetzung folgt also seiner Deutung –, es würde wörtlich »Winterweg« heißen und könnte analog zum altenglischen »wætlinga-stræt« Milchstraße bedeuten. Allerdings ist der in einigen norwegischen Dialekten übliche Ausdruck dafür »vetter*brauti*« und nicht »vetter-*stigjen*«. Eine der neuesten Deutungen von Magne Myhren versteht unter »vetterstig« einen Weg, »auf dem man Prophezeiungen, Offenbarungen erlebt und klüger wird« (vgl. Magne Myhren / Gudleiv Bø: *Draumkvedet. Diktverket og teksthistoria*. Oslo 2002.)

4   Rudolf Steiner: *Wahrspruchworte*, (GA 40). Dornach 1961.

5   In der liturgischen Ordnung der katholischen Kirche besitzt das Epiphaniasfest bis heute höheren Rang als das Weihnachtsfest am 25. Dezember.

6   Die Art, wie man sich die vielen Fragen zu beantworten suchte, geht aus der allzu äußerlichen Schlussfolgerung eines sonst feinsinnigen Gelehrten hervor: Olav Åsteson wäre offenbar ein Mann vornehmen Standes gewesen, davon zeugte sein Scharlachmantel!

7   Sie ist abgedruckt in: Rudolf Steiner: *Der Zusammenhang des Menschen mit der elementarischen Welt* (GA 158). Dornach 1968. Weiter entstand in den zwanziger Jahren durch Erich Trummler eine sehr verdienstvolle Übertragung.

8   Brynjulf Alver: *Draumkvedet. Folkevise eller lærd kopidikting*. Oslo – Bergen – Tromsø 1971.

9   Gebiet in Westnorwegen.

10 *Draumkvedet*. Innleiing av Olav Bø. Illustrasjonar av Anne Lise Knoff. Dreyers Forlag, Oslo 1975.

11 Vers-Erzählung um Eids-Marit, die »entrückt« war und Himmel und Hölle gesehen hat. Hg. von Reidar Bj. Bjørnsen 1961. Nach einem Originaldruck von 1769. »Nach der Bekräftigung der Nachbarn über die Richtigkeit der Begebenheit und ihrem Begehr in den Druck gegeben.«

Kurzbiografien
der Autoren und Künstler

Jens Braarvig, Professor für Religionswissenschaften an der Universität Oslo. Sein Unterricht und seine Veröffentlichungen behandeln verschiedene Religionen, darunter Buddhismus, Hinduismus, Religion im alten Griechenland und Mesopotamien. Sein Ansatz ist komparatistisch, geschichtlich und philologisch.

Terje Christensen, *1928 in Hønefoss, Norwegen. Studium in Jura, Sprachen und Geschichte sowie am Lehrerseminar der Freien Waldorfschule Stuttgart. Tätigkeit als Lehrer an der Volksschule und höheren Schulen in Norwegen. Forschungstätigkeit und Veröffentlichungen auf dem Gebiet der Regionalgeschichte, Biografik und der Geschichte der anthroposophischen Bewegung in Norwegen.

Dan Lindholm (1908–1998), Studium der Botanik und Chemie in Oslo; war Waldorflehrer in Bergen und Oslo, Seminardozent in der Lehrerbildung in Oslo, Järna, Dornach und Stuttgart, und Generalsekretär der Anthroposophischen Gesellschaft in Norwegen. Er hielt zahlreiche Vorträge im In- und Ausland. Schriftstellerische Arbeiten machten den norwegischen Sagenschatz der Edda und andere nordische und indische Sagen zugänglich. Er publizierte auch im künstlerischen und pädagogischen Bereich und schrieb für zahlreiche skandinavische anthroposophische Zeitschriften.

Torvald Moseid (1917–2000) war ein vielseitiger Künstler, der im Bereich der Textilkunst, Bildhauerei, Glaskunst und des Designs arbeitete. Bekannt wurde er vor allem durch seine großen bestickten Friese

Die vier Jahreszeiten, *Orpheus und Eurydike* und *Traumlied*. Ebenso hat er eine Reihe öffentlicher Gebäude und Kirchen durch Wanddekorationen, Glasmalereien und Altarbilder künstlerisch gestaltet.

Gerhard Munthe (1849–1929) fand nach verschiedenen Versuchen zu einem eigenen, von der Volkskunst und dem Jugendstil beeinflussten Stil. Zu seinen bekanntesten Arbeiten gehören Illustrationen zu Snorres *Heimskringla*, 1896–1899, und zum Traumlied, 1904. Die Schrifttype, die er für seine Traumlied-Ausgabe entwarf, wurde später weiterentwickelt und als »Muntheschrift« bekannt.

Walther Roggenkamp (1926–1995) hat durch sein vielfältiges Schaffen die anthroposophische Kunst in der Welt bekannt gemacht. Weithin bekannt ist seine Produktgestaltung für die Heilmittelfirma Weleda, seine Bucheinbände für anthroposophische Verlage und seine Satzschriften. Weniger bekannt ist die viel größere Dimension seines Schaffens beispielsweise durch Bühnenbildentwürfe für die Goetheanum-Bühne, großformatige Bildfenster für das Rudolf Steiner Haus in Stuttgart oder für das Johannes-Haus in Öschelbronn sowie große Bildteppiche wie das Tobias-Tryptichon.

Magne Skrede, ist seit 30 Jahren Musik- und Dramalehrer an der Rudolf Steiner Schule in Bergen, Norwegen. Viele Auftritte als Solotenor, mit allen größeren Evangelistenpartien in den Werken von Bach und Schütz sowie einzelnen Opernrollen und Erstaufführungen von modernen Werken. Er hat kleinere Sachen für Solisten, Chor und Bühne komponiert sowie Text und Musik für zwei Musicals für Jugendliche – *Leon og Lilje* und *Den Kvite Guten* – geschrieben. Zum Traumlied hat er, seit er es als Sechzehnjähriger zum ersten Mal aufführte, eine ganz besondere Beziehung.

Sigurd Telnes, *1925 in Seljord, Norwegen. Schulrektor in Seljord, wo er über viele Jahre Leiter des lokalen Kunstvereins war. Herausgeber und Mitverfasser mehrerer Bücher über künstlerische und regionalgeschichtliche Themen.

Bildnachweis

S. 8   »... begangen hab' ich die Gjallarbrück mit Grabeserd im Mund.«
         Gerhard Munthe: *Hvitklede oldinger på en bru* (1904).
         Foto: Bergen Kunstmusem, © Bergen Kunstmuseum

S. 11   »Da zittert eine jede Seel wie Espenlaub im Winde ...«
         Gerhard Munthe: *Mennesker og engler* (1904).
         Foto: Bergen Kunstmusem, © Bergen Kunstmuseum

S. 15   »Nun trat ich an die Sternenstraß' zu meiner rechten Hand ...«
         Walther Roggenkamp, Steinschnitt

S. 16   »... die sel'ge Taufmutter allein mit Gold sich zu mir wandte.«
         Walther Roggenkamp, Steinschnitt

S. 19   »Hoch und hehr Sankt Michael führte die Lure zum Munde ...«
         Walther Roggenkamp, Steinschnitt

S. 23   »Alte Leute und junges Volk, sie lauschten ohne Säumen ...«
         Walther Roggenkamp, Steinschnitt

S. 62f. »Zur Weihenacht er legt sich hin, ihn starker Schlaf umfing.«
         Torvald Moseid: *Draumkvedet*, bestickter Fries (1994), Ausschnitt.
         Foto: Herdis Maria Siegert, © Telenor Art Collection

S. 68f. »... zerrissen ward mein Scharlachmantel, die Nägel an Füßen beiden«
         Torvald Moseid: *Draumkvedet*, bestickter Fries (1994), Ausschnitt.
         Foto: Herdis Maria Siegert, © Telenor Art Collection

S. 74f. »...die sel'ge Taufmutter allein mit Gold sich zu mir wandte.«
         Torvald Moseid: *Draumkvedet*, bestickter Fries (1994), Ausschnitt.
         Foto: Herdis Maria Siegert, © Telenor Art Collection

S. 81   »Komm ich an die Gjallarbrück, die hängt gar hoch im Winde ...«
         Torvald Moseid: *Draumkvedet*, bestickter Fries (1994), Ausschnitt.
         Foto: Herdis Maria Siegert, © Telenor Art Collection

S. 88f. »Und von Süden kam ein Zug, nahte mit sanftem Schritt ...«
         »Nun von Norden naht' ein Zug in scharfem Trabe fürwahr...«
         Torvald Moseid: *Draumkvedet*, bestickter Fries (1994), Ausschnitt.
         Foto: Herdis Maria Siegert, © Telenor Art Collection

S. 95   »Groß stand da Sankt Michael und wog auf seiner Waage ...«
         Torvald Moseid: *Draumkvedet*, bestickter Fries (1994), Ausschnitt.
         Foto: Herdis Maria Siegert, © Telenor Art Collection

S. 101   »In Broksvalin – dort, dem Richthof der Seelen.«
         Torvald Moseid: *Draumkvedet*, bestickter Fries (1994), Ausschnitt.
         Foto: Herdis Maria Siegert, © Telenor Art Collection

Inhalt der CD

* Die zweite Strophe in Teil II wird in unserer Einspielung nicht gesungen.